社会学概论学习指导书

（修订本）

刘　臣　编

国家开放大学出版社
北　京

图书在版编目（CIP）数据

社会学概论学习指导书／刘臣编．－修订本．－北京：中央广播电视大学出版社，1997.5（2019.10 重印）

ISBN 978－7－304－01320－2

Ⅰ．社…　Ⅱ．刘…　Ⅲ．社会学－电视大学－教学参考资料　Ⅳ．C91

中国版本图书馆 CIP 数据核字（97）第 08691 号

社会学概论学习指导书
（修订本）
刘　臣　编

出版·发行：国家开放大学出版社（原中央广播电视大学出版社）
电话：营销中心 010－68180820　　总编室 010－68182524
网址：http://www.crtvup.com.cn
地址：北京市海淀区西四环中路 45 号
邮编：100039
经销：新华书店北京发行所

策划编辑：李　朔
印刷：北京银祥印刷有限公司　　**印数**：333501～336500
版本：1997 年 4 月第 2 版　　2019 年 10 月第 31 次印刷
开本：850×1168　1/32　　**印张**：7　　**字数**：180 千字

书号：ISBN 978－7－304－01320－2
定价：10.00 元

前　言

《社会学概论学习指导书》是为了配合主教材《社会学概论》而编写的辅助教材。编写本书的目的：第一，作为教师辅导学生学习时的参考；第二，启发学生更好地理解、掌握主教材的内容，开阔视野，增强学习社会学的兴趣。

本书主要分为三大部分：

第一部分，教学大纲。介绍各章的基本结构和主要知识，提示社会学的基本理论和基本知识，说明各章的教学重点及难点。

第二部分，学习指导。主要包括以下内容：

1. 学习目的和要求。通过各章的学习，学生应达到的程度。

2. 重点名词、术语。从各章节中摘引出的要求重点掌握的名词、术语，除了主教材中已有说明的外，必要时再作一些补充解释，以便更全面地理解名词、术语的意义。同时，根据教材内容，又附加了一部分内容，以加深学生的理解。

3. 重要理论和难点。在有些章节中一些比较重要的理论和一些难点在主教材不便深入地展开讨论，故在这里再作一些补充阐释，以开拓思路，深化理解。

4. 自测题。这是为了体现以“学生为中心”，帮助学生学习而设计的，通过对自测题的练习，学生可以了解自己对各章知识的掌握程度。

第三部分，期末复习指导及考题选登。这是为了使学生更好地把握考试内容而安排的。考题选登目的是使学生在学习过程中熟悉考题题型及答题要求，以便更好地完成考试。

本指导书以修订的《社会学概论》主教材为依据，在原指导书基础上由刘臣编写的。由于时间紧迫，水平所限，书中会有许多不妥之处，请批评指正。

编　者

1997年3月

目　　录

教学大纲

第一部分 大纲说明

一、“社会学概论”是中央电大财经科管理类公共关系等专业开设的一门专业基础课，由中央电大统设。

二、本课程是为培养优秀的管理人员、公关人员服务的，是教授学生关于社会学入门的基础知识、基本理论、基本技能，使学生掌握社会学的理论、方法和应用，提高学生分析问题、解决问题的能力，并能熟练地运用社会学的基本理论来指导工作和生活，为学生学习其他有关专业基础课和专业课打下良好的基础。

三、本课教材编写的指导原则，根据电大学生培养目标，为了适应远距离教育规律和成人学习的特点，按照规定的学时，本着“必须”、“够用”和理论与应用并重的原则，培养学生在坚实的理论基础上，理解、分析和解决实际问题的能力，教材内容力求简明扼要、概念明确、理论清晰、逻辑性强；力求深入浅出，通俗易懂，便于学生自学；注意删繁就简，以简驭繁；采取循序渐进、重点突出的原则。

四、基本要求

1. 重点掌握的内容。要求学生对这部分内容能够深刻理解并熟练掌握，同时能准确地付之应用。

2. 一般掌握的内容。要求学生对这部分内容能够理解并要求掌握。

3. 一般了解的内容。要求学生对这部分内容有所了解。

重点掌握的内容、一般掌握的内容，就是每章教学的目的和要求中所说的重点、一般掌握的内容；其余部分为一般了解的内容。社会学既是一门理论性的社会科学，也是一门应用性较强的社会科学，在学习时鼓励学生理论联系实际，独立思考，不要只考虑应付考试，拘泥于背诵条文，每章附设思考题，帮助学生完整而深入地掌握本章重点内容。

本大纲第十五章社会调查研究方法，应根据各专业的不同学生情况，实际讲授时可深可浅。一些统计分析方法，没有学过统计学的学生，只要求了解其意义，不必要求具体掌握计算方法。第十六章社会学发展综述，属于开阔学生知识面性质，只要求有兴趣进一步加深学习的学生自行阅读。

五、本课与其它课程的关系

本课在公共关系专业的前续课有：公共关系学、社会经济调查方法与实务、实用公共写作、社会心理学等课程；后续课有企业文化、秘书学、市场营销学、工商企业经营管理学等。

六、教学环节

1．音像课：这是广播电视大学传授教学内容的重要手段，是电视大学学生获取知识的重要载体。本课程采用录音教学，它以教学大纲为指导，以文字教材为基础，结合现实社会发展的典型案例，深入讲述本课程的教学难点、疑点，与学习指导书一起，讲述学习本课程的思路、方法，帮助学生掌握本课的基本知识及原理，保证教学质量。

2．面授辅导

面授辅导是广播电视大学学生接触教师、解决疑难问题的重要途径，是弥补广播电视教育缺少双向交流的有效形式。面授辅导应结合录音课，以教学大纲为依据，通过讲解、讨论、座谈、答疑等方式，培养学生独立思考，分析问题，解决问题的能力。

辅导教师要认真钻研教学大纲和教材，熟练掌握本课程的基本原理、疑点、难点并能运用生动恰当的语言和实例讲解；要熟悉了解远距离教育规律，研究学生的心理特点，为保证学生学习提供优秀教学服务。

3. 自学

自学是远距离教育的特点，是学生系统获取学科知识的重要方式之一，因此对自学能力的培养与提高是高等教育的目标之一。各级电大，在教学的各个环节中，都应注意对学生自学能力的培养与训练。学生要主动以自学为主，兼顾听录音，参加辅导课来获取知识。

4. 实践

培养广大学生成为应用型人才是广播电视大学的培养目标。教学实践是实现培养目标的重要手段。教学过程中，各地电大要结合教学进度，依据教学内容，安排设计参观、社会调查并进行交流，同时撰写参观体会或调查报告。

5. 考核

考核是检查教与学的效果的重要形式，是教学环节不可缺少的组成部分，是保证教学质量，培养合格人才的重要手段，必须予以高度重视。考核主要检验学员对课程基本原理、基本知识的掌握程度，检测学员运用社会学基本原理对现实社会发展的分析能力。

考核由中央广播电视大学统一组织、统一命题、统一考试时间、统一评分标准。本课程考试形式为闭卷，具体的考试题型及答题要求、复习大纲见当年的教学辅导刊物或指导书。

第二部分　媒体分配

本课教学媒体的分配主要有文字教材和音像教材两种形式。文字教材是远距离教学的最基本的媒体。本课程文字教材采用分立型，包括主教材和辅助教材。主教材主要讲授本课的基本理论、基本知识；辅助教材包括学习指导书和学习参考资料。为了压缩辅助教材的文字量，学习参考资料的内容与教学指导书内容编在一册。

音像教材是文字教材的配套教材，本课依然采用录音形式，以重点讲授为主，讲授本课的学习方法、重点内容、难点、疑点，共讲授27学时，其余为自学和作业学时。录音播出学时，期末复习学时和自学与作业学时四项共计54学时。

学 时 分 配

章　节	教学内容	学　时
第一章	绪　论	3
第二章	人的社会需要	3
第三章	社会交往	4
第四章	人的社会化	4
第五章	初级社会群体与家庭	4
第六章	社会组织与科层制	4
第七章	社　区	4
第八章	阶级与阶层	4
第九章	社会制度	3
第十章	社会控制	3
第十一章	社会问题	4
第十二章	社会保障与社会工作	3
第十三章	社会变迁	3
第十四章	社会现代化	3
第十五章	社会调查研究方法	3
第十六章	社会学发展综述	2

第三部分　教 学 内 容

第一章　绪　　论

目的要求：通过学习，着重掌握社会学这门学科的意义、特点、产生的历史背景和科学条件；一般掌握什么是社会，社会学对我国社会主义现代化建设的作用。

一、社会

1. 中国古书中的社会

2. 马克思的社会涵义

社会是人们交互作用的产物，是在物质资料生产的基础上发生的各种生产关系和其他社会关系的总和。

人类社会群体的结合是社会现象，是人类自己的创造，其他动物社会群体的结合是生物现象，是本能行为。

人类社会是自然界长期发展的产物。人类社会是与自然界有重大区别的特殊领域。

3. 总之，社会是由一群人组成的。这群人之间存在着种种社会规定的关系，人们按着社会规范发生交互行为，分工合作地进行必要的生产及其他社会活动，以满足社会成员不断增长的物质和精神需要。

二、社会学

1. 社会思想与社会学：社会学的产生，吸取了古代社会思想的有益成分。

2. 社会学产生的历史背景及科学条件

社会学产生的历史背景：19 世纪上半期资本主义大发展，

同时也是资本主义的种种弊端开始逐步暴露的时代。

社会学产生的科学条件：当时自然科学的发展已取得许多重大成果。这就引导社会思想家用精确的自然科学方法研究社会。

3. 社会学的学科特点

社会学把社会作为一个整体来看待。

社会学广泛地研究社会生活中人们之间的相互关系和社会行为。

社会学研究方法上的综合性。

社会学把社会整体及其内部、外部的关系放在运动与变化的过程中进行研究。

社会学非常重视社会调查研究。

三、社会学研究的领域以及与其他有关社会科学的关系

1. 社会学研究的领域：主要分理论、方法、应用三大类。各个分支学科已不下百种，大的门类也有将近三十类。

2. 社会学与其他有关社会科学的关系

社会学与政治学、经济学、法学等的关系。

社会学与历史学、人类学、心理学等的关系。

社会学与历史唯物主义的关系。

四、学习社会学的意义

1. 掌握现代社会的基础知识，可以使人们更自觉地参与社会生活。

2. 增长社会管理的才干，为建立文明、健康、科学合理的生活方式作出贡献。

3. 为政府决策部门提供科学的依据。

4. 为发展边缘学科和多科性综合研究作出贡献。

本章理论的难点有二：一是关于社会学的定义。这条定义统领全书，讲清楚了，学生在以后各章的学习就能融会贯通；这条定义与“社会学的主要学科特点”是互相映照的。

理论难点之二是历史唯物主义与社会学的关系。这个难点具有世界意义，现在很难说在理论上已经完全解决。本书提出了具有中国特色的社会学解释。

第二章　人的社会需要

目的要求：通过学习，重点掌握社会需要的概念，社会需要在人的社会生活中的地位，马克思主义的社会需要理论和马斯洛的需要层次论。一般掌握其他社会需要学说及提高和满足的途径。

一、人的社会需要在社会生活中的意义

1．社会需要的涵义

人的社会需要是在人的生理、心理条件和外在环境条件的结合下，通过实践活动，力求获得一定的生活和发展成果的心理状态。人们的社会需要是人们行为的基本动力，就哲学意义说，人的需要就是人的本性。其具有必然性、客观性和社会性的特征。

2．社会需要的产生

社会需要是由人的生理内驱力和外在环境的诱因指引下，在生活实践中产生的。需要是对客观现实的反映，原有需要在不断满足的过程中，产生新的需要，产生新的社会实践与新的社会生活。

3．社会需要在社会生活中的地位

社会需要是人的行为动力，是人们活动的积极的动力源泉。

需要只有通过他人才能获得满足，需要是构成人的社会关系的基础，是群体形成的基础。

需要是通过社会实践产生和提高的。体现了需要的社会性与实践性。也就是说，只有通过劳动，通过实践，需要才能发展，才能实现。

二、社会需要的理论

1．社会需要的类型分为物质需要、精神需要和社会综合性需要。

2. 马克思主义的需要理论。

3. 马斯洛的需要层次论及述评。

三、社会需要的满足与提高

1. 人的发展与需要的发展。人的社会需要是随个人年龄的增长、智力的开拓和交往的扩大而逐渐按生存、享受、发展需要的方向增长的。

2. 集体的发展与人的需要的提高。社会集体希望自己不断发展，并能满足其成员不断增长的需要。

3. 社会需要的满足决定于一定社会的生产水平、生活水平和文化环境。人的需要具有社会性，也表现在人的需要的满足方式和满足的可能性具有社会制约性。

社会需要的提高是人的体内平衡与体外平衡的协调、个人与社会需要的协调、物质与精神生活协调的发展过程。

本章是全书整体结构的逻辑起点。教学中：一要解释清楚为什么社会需要是人的社会行为的原动力。二要说明社会需要与以后各章的逻辑关系，增强学生对全书概貌的理解。三要阐明马克思主义的需要理论，包括需要的产生、层次和变化发展的规律。

第三章　社 会 交 往

目的要求：重点掌握社会交往的概念及社会交往理论。一般掌握社会交往对形成社会关系的意义及集体行为。

一、社会交往的意义

1. 社会交往的涵义

所谓社会交往是指个人与个人，个人与团体或团体与团体之间的交互作用、交互影响的方式和过程。

2. 社会交往的意义

社会交往有利于个人成长。社会交往是文化传播的手段。社会交往是社会构成与发展的基础。

3. 社会交往的类型

从不同的角度，把社会交往划分为：个人交往与群体交往；直接交往与间接交往；竞争、合作、冲突、调适等。

4. 社会交往的理论

马克思主义的社会交往理论：交往的物质条件。需要是交往的原因。经济交往是其它交往的基础。

西方的符号相互作用论。

二、社会交往与社会关系

1. 人际关系与人际交往

人际交往形成人际关系，其具有直接交往和情感性的特点。在人际关系中注意其影响的诸因素。

2. 社会关系的涵义及类型

在人们社会交往的活动中结成的关系称为社会关系。人们的社会关系是在人们相互交往、相互影响，并且这种交往和影响要以多次重复和发展的情况下才能形成。

一切社会关系中最主要的是生产关系（家庭也是一种生产关系）即经济关系，在此基础上产生社会上层建筑的政治、法律等关系。在阶级存在的社会中社会关系表现为阶级关系。

3. 初级社会关系与次级社会关系

三、社会角色

1. 社会角色与社会地位

所谓社会角色，是指社会关系两端位置上的行为类型、行为模式。所谓社会位置，就是社会关系中的社会地位。而社会角色就是与那个社会地位相联系的行为模式，社会角色按一定的社会规范，表现一定的社会行为。

2. 社会角色的类别

社会角色一般可分为复式角色和角色丛、理想角色和实际角色、先赋角色和自致角色。

3. 角色扮演

角色扮演是指某人具备了充当某种角色的条件并按这一角色的规范行事。这是一个动态过程：包括了解社会对角色的期望、培养角色意识和实践角色规范三个过程；在角色扮演时会出现角色冲突、角色中断、角色失败等问题。

四、集体行为

1．集体行为的涵义与类别

人们进行社会交往而形成的一些散漫的、初步的、群众性的活动，称为集体行为。集体行为是指人们在一些行为方式上行动的一致，指那些非组织起来的时间上短暂的群众行为。其具有非组织性、突发性、反常性的特点。

集体行为的类型：初级集体行为（包括骚动、传闻和社会动荡不安）。次级集体行为（包括社会运动等）。

2．集体行为的成因

环境因素　结构性压力　一致的信念　催发因素　宣传鼓动者　社会控制力

集体行为是社会交往形成社会关系和社会群体过程中的一种初级的特殊形式。一般的社会交往是基于人们的社会需要和对别人的理解的基础上进行的，而集体行为是基于心理上传染和循环反应而促成的，更少理智的成分。但集体行为对社会的影响往往是值得重视的。

3．时尚

时尚是一种属于“集体着迷”的集体行为。其特征是新奇性或非常规性、流行时间短、显示与炫耀。时尚可分为热、时髦、时狂三种不同程度的类型。其流行条件为时尚的流行与社会上有地位、有影响的人物的示范，社会对新思想、新价值观和新行为的宽容，与经济水平和媒介发达程度有一定关系。流行规律是自上而下、由核心向边缘、循环性等，时尚具有正、负两种功能。

本章是教材的逻辑体系中的一个重要环节。社会是由社会关系构成的，而社会关系是建立在社会交往基础上的，本章继续深入分析究竟为什么有了社会交往和社会关系，就能构成社会，这是本章的主要内容。

本章在理论上的重点和难点，就是要深刻阐明马克思主义的社会交往理论，以及吸取符号相互作用论在社会交往中的微观分析理论。

第四章　人的社会化

目的要求：通过学习重点掌握社会化的涵义，社会化的必要性及其基本内容。一般掌握社会化的条件及过程、个性的形成与社会的关系等。

一、社会化的涵义及必要性

1. 人的社会化的涵义

人的社会化，就是指一个个体，通过学习群体文化、学习承担社会角色，把自己一体化到群体中去的基本过程。

2. 社会化是人的需要和环境、教育的矛盾辩证的统一，也即是人与环境相互作用的过程。个人的需要是个人积极活动的内因，环境和教育是个人发展的外因，个人需要与环境和教育的结合，内外因素矛盾辩证的统一，是人的社会化的实质。

3. 从全社会观察，怎样进行好社会成员的社会化，乃是社会能否发展，能否前进的关键。

二、社会化的可能性——社会化的生物基础

1. 人有进行脑力劳动的条件

2. 人有较长的依赖生活期

3. 人有较强的学习能力

4. 人有语言的能力

三、社会化的内容与过程

1. 社会化的基本内容

传授基本生活技能，即：动作技巧、学习语言文化、专业知识。

教导社会规范，社会规范包括软性和硬性两个方面。

指点生活目标。

提供角色人选，这是社会不断进步的基础。

2. 社会化的基本过程

共分四个阶段，感知运动阶段，前运算阶段，具体运算阶段和形式运算阶段或命题阶段，可以这样说，家庭是社会化的“摇篮”，学校是社会化的“宫殿”，邻里社会是社会化的“竞技场。”

3. 继续社会化、再社会化与特殊社会化

继续社会化是成人不断适应自己与社会生活的关系的必要过程。环境与个人都在不断的变化，生活中的关系也需要不断地调整。继续社会化分为中年社会化与老年社会化。

再社会化是一种强制性的教化过程。它的教化对象是那些有越轨行为、危害多数人的利益的人。

特殊社会化是指对某些遭受身心损伤不能进行正常社会生活的一些人进行的特殊措施的社会化过程。

四、社会化与个性发展

1. 人的个性的涵义

个性是指一个人在他的生理素质的基础上，在一定的社会历史条件下，通过社会实践活动形成的观念、态度与习惯等心理特征。也就是说，个性是个人稳定的心理特征的总和。

2. 社会化与个性形成的关系

人的个性是个人社会化的产物，是随个人社会化的进程而逐步发展和形成的。一个人的个性形成和发展，既要受自身生理的和心理的条件的限制，更要受社会关系的制约。人的个性的倾向性和心理特征存在着差异。

3. 个性与民族性

人的个性是在一个人的生理素质的基础上，在一定的社会历史条件下，通过社会实践活动发展和形成的。由于每个人都属于一定的民族，长期生活在一定的民族环境中，所以人们的个性中体现着一种本民族大多数人共有的特性，这就是所谓民族性。每一个民族都有它自己的特点。这些特点便是每个民族对世界文化共同宝库的贡献。

本章要求学生能真正理解一个生物的人如何通过社会化而形成一个社会的人，以及其社会化必要性，所以要把社会化的涵义、必要性、基本内容讲清楚。本章理论上的难点是要论证社会化是人的需要和环境、教育的矛盾辩证的统一，即人与环境是如何相互作用的。

第五章　初级社会群体与家庭

目的要求：重点掌握初级社会群体的涵义，家庭的涵义及功能。一般掌握初级社会群体的特征及中国婚姻家庭状况。

一、群体及其类型

1. 人类群体的形成与特征

群体通常被认为是一个结合紧密并且具有一定组织形式的整体。群体是人类社会生活的中心，是人类活动的基本场所。成员间具有直接、明确、持久的成员关系和共同的群体意识、成员间有一定的共同行为模式等特征。

2. 社会群体的类型

初级社会群体是由面对面互动所形成的，具有亲密关系的社会群体。它对个人的理想和个性的形成起着首要的、基本的作用。这种首要的社会组合雏型，反映着人们最简单、最首要的社会关系，即初级社会关系。

次级社会群体指由成员的共同兴趣或利益组成的群体。它的活动仅包涵成员生活的一部分。多数的次级社会群体具有一定的社会职能，完成特定的社会目标，构成一个独立单位又称为社会组织。次级社会群体，反映着人们较间接的次要的社会关系，即次属社会关系。

3．初级社会群体的涵义与特征

初级社会群体是人类社会生活中最基本的群体。

其特征：自然形成、成员具有多重角色、非正式手段控制、感情色彩浓厚、满足成员的需求放于首位和综合性的功能。

4．初级社会群体形成的条件和功能

小规模、直接互动、相对持久的关系是其形成的条件；其功能为：社会化的基本场所，满足成员的各种需要，是其成员走向社会的中介，有利于社会控制。

二、初级社会群体的典型——家庭

1．家庭的起源和发展

家庭是在婚姻和血缘关系基础上建立起来的，以夫妻子女为基本成员的，共同生活的首属群体。它是从杂乱性交关系的原始状态中发展出来的。家庭的发展经历了以下几种形式：(1) 血缘家庭；(2) 普那路亚家庭；(3) 对偶家庭；(4) 一夫一妻制家庭等。

2．家庭的类型

家庭类型是指家庭的组合方式。依据不同的标准可以将家庭分成多种类型：(1) 按家庭的代际层次分为一代、两代和多代家庭；(2) 以家庭权力的归属为标准，可以将其分为父权的、母权的、舅权的、和平权的家庭；(3) 以家庭亲属关系为标准，可以将其分为核心家庭、主干家庭、扩大家庭和联合家庭。这种分类方法是目前最普遍的一种。

3．家庭的社会功能

家庭的功能有以下几个方面：(1) 生产（两种生产）功能；(2) 抚育和赡养的功能；(3) 消费功能；(4) 娱乐和享受的功能。家庭的功能随着社会的变迁也会有所变化。随着社会化服务的增多，家庭功能有逐渐减少的趋势。

三、中国的婚姻与家庭

1．中国婚姻与家庭的传统

1949年前，尤其是五四运动以前的旧中国，实行的是封建主义的婚姻家庭制度，在婚姻缔结方式上实行包办、买卖的制度，这种方式建立起来的家庭，男女处于不平等的地位，盛行夫权原则。

2. 社会主义中国的婚姻与家庭

1949年中华人民共和国成立后，实行社会主义制度；与此相适应，在婚姻家庭领域实行婚姻自由、一夫一妻制、男女平等的婚姻制度。保护妇女、儿童和老人的合法权益。实行计划生育的社会主义的婚姻制度。家庭关系发生了变化，同时给家庭结构带来了影响。并随着社会的变迁，我国家庭功能也发生了变化。目前我国家庭存在的问题。

本章教学的重点：通过剖析初级社会群体——家庭，使学员掌握初级社会群体的涵义、特征及功能，联系实际，理解家庭这个社会的细胞在社会群体中的地位及在社会形成与发展中的功能。

第六章　社会组织与科层制

目的要求：通过教学重点掌握社会组织的结构与管理及科层制的利弊，一般掌握社会组织与环境的关系、社会组织的目标与运行。

一、社会组织的特征与结构

1. 社会组织的涵义与特征

社会组织是执行一定的社会职能，完成特定的社会目标，构成一个相对独立单位的社会群体，它具有目标简单、明确，成员关系不那么亲密，事本主义占主导地位等特征。

社会组织可以按结构、功能、规模等标准分类。按功能可分为经济组织、政治组织、文化组织等，按结构可分为正式组织与非正式组织。

2．社会组织的要素与结构

社会组织包括成员、目标、规则、权力、设备等要素；它有正式结构与非正式结构。

3．社会组织的结构与环境的关系

组织环境是对组织存在和发展具有影响的外部事物。环境变化要求组织结构发生相应变化。

二、社会组织的目标与运行

1．社会组织目标的意义

目标是社会组织力争达到的未来状态。社会组织目标是社会组织存在的根据，是组织之间区别的标准、是内部分工的基础，是团结成员的旗帜，是衡量社会组织效率的标尺。

2．社会组织的结构

组织目标与个人目标，整体目标与部门目标，近期目标与中长期目标，目标的系统结构，合理的具有较高整个程度的目标系统是组织良性运行的必要前提。

3．社会组织目标的制定

这是一个复杂的过程，由诸多因素制约。如环境的需求、组织的资源、组织能力、上级指令等，一般有集中决策模式和民主决策模式。

4．社会组织的运行

社会组织的运行是其各要素有效搭配达到目标的过程。这个过程包括内部行为规范化、相互协调及管理监督等活动。社会组织的存续要实现对内、对外两个平衡。

三、社会组织的管理

1．社会组织的管理方式

家长制、古典管理理论、行为科学管理理论、现代管理理论，是社会组织管理模式的演进过程。这一过程既受组织内部因素影响，也受外部因素影响。

2．科层制及其功能分析

科层制是现代社会组织的结构方式，也是一种理想型的管理方式。科层制有明显的功能，也有反功能。

3. 我国的管理经验及问题：主要解决社会组织的结构、目标制定、管理等问题，结合我国现行的经济体制、政治体制改革分析科层制的利弊。

在教学过程中，在讲清社会组织构成要素、特征、组织目标对组织存续的意义的基础上，着重讲清组织与环境的关系，讲清组织目标是一个系统、一个过程，这是教学难点；同时通过分析家长制、科层制等管理理论的优缺点，组织学员结合我国管理的实际进行一次讨论。

第七章　社　　区

目的要求：通过学习，重点掌握社区的涵义，农村和城市社区的基本特征与结构。一般掌握社区的要素、社区研究方法等。

一、社区与社区研究

1. 社区的涵义

社区是聚居在一定地域中的人群的生活共同体，是以多种社会关系的结合，从事经济、政治、文化等各种活动组成的一个相对独立的、区域性的社会实体。

2. 社区要素与社区分类

构成社区的几个要素是：

必须有一定的社会关系为基础组织起来的，进行共同生活的人群。

必须有一定的地域条件。这是人们赖以进行生产以及其他各种社会活动的基础。

要有各方面的生活服务设施，如商业、服务业、文化、教育等设施。

有自己特有的文化。每个社区的文化特点都是由这个社区现实的社会、经济条件和历史传统决定的。

每一个社区中的居民，对于自己所属的社区都有一种情感和心理上的认同感，即有一种“我是某一个地方的居民”的观念。

社区分类，按照社区所发挥的功能分为工业社区、农业社区、商业社区、文化社区、旅游社区等，按照社区的结构和它的综合表现，分为乡村社区和城市社区。这两类社区具有各自的发展历程，普遍存在于各个国家和民族之中，是人类社会生活中最基本的环境。

社区研究方法是以特定的社区为调查研究对象，以深入的参与群众生活的方法，调查研究社区各种社会关系，社会结构和功能，社会生活的活动和变迁，并对不同社区模式进行比较，以解答社会学的某些理论问题并对社区发展提出改革意见。

二、农村社区

1. 农村社区的特征

农村社区是指大多数从事生产食物、纤维和原料的社区，是以农业生产劳动为主的社区。因此农村社区的特点有：

从社会结构说，农村社会是以血缘关系为纽带，而其他社会关系，也是以血缘，亲属关系为基础延伸。

农业是农民生活的一条主要道路，农业是农民生活的终点，是他们生活的目的，而不是达到终点的手段。

农村社区的社会关系多为社区型而不是社团型。

农村社区生活受劳动条件影响，以分立户居为主。

农民是一个特殊阶级，是劳动者，在一定程度上也是私有者，故思想意识有二重性。农民有平均主义思想，这也是小农经济的反映。

2. 农村社区的结构

农村社区的结构包括人口结构、家庭结构、农业生产结构以及教育文化结构等。在阶级社会，农村社区一般有地主、农民或农奴之分。农村社区相对于城市社区说，是一个对外关系较封闭，社会关系比较简单，经济上比较独立的社区。

3. 中国农村社区的发展

中国农村社区目前正在由封闭型的自然经济向开放型的商品经济模式转换。中国农村社区的发展首先决定于中国农业体制改革，农业现代化的进展程度。

三、城市社区

1. 城市社区的特征

城市社区是指大多数从事工商业及其他非农业劳动的社区。它是人类居住的基本形式之一。

区分城市和农村是颇为困难的。联合国依据各国的情况，提出城市区域是指从500个居民到30000个居民不等的地区。这就是说，各国一般都是以人口聚居的数量，有的国家并加上人口密度为划分城乡标准。我国也是以人口为标准，规定一般以常住人口2000人，其中80%以上为非农业人口的为城市。

城市社区的基本特征：人口聚居规模大、密度高，职业以工商业为主，成员异质性高，生活方式多样，感情色彩淡薄，组织程度高，结构复杂等。

2. 城市社区的结构

区位结构、产业结构、组织结构。

3. 城市社区发展

我国城市化的基本方向是结合我国的具体情况，实行有利生产、方便生活、促进流通、繁荣经济、促进科学技术文化教育事业发展的原则。

4. 中国城市的发展与建设

我国城市的发展过程及地位：解放后我国城市得以迅速发展，并呈现自然增长为主和受政治影响的较大，发展不平衡的特点。

四、城乡关系

1. 城乡之间的对立

从历史上看，城市是从乡村发展而来的。历史上的城市从其功能上说是政治、文化和商业的中心。资本主义社会以前城乡处于对立状态。

2. 城乡差别

解放后，我国消灭了剥削，消除了城乡对立，但城市在生活水平、受教育程度等方面优于农村。其后果是农村发展缓慢，大量人口流入城市。

3. 城乡融合

城乡融合是人类社会发展的未来状态，有三种发展途径：优先发展农村、优先发展城市、城乡一体化协调发展。

4. 我国的城乡关系及城乡协调发展的道路

解放前我国城乡对立，解放后转化为城乡差别。发展道路：严格控制大城市规模，合理发展中小城市；打破城乡壁垒，促进城乡沟通；城乡结合，城市支持农村。

5. 城乡对立与城乡一体化

从城乡对立转变到城乡一体化是从资本主义转变为社会主义的改革过程，也是克服二元经济，走向一元经济的过程。但城乡一体化对消灭城乡差别能否实现，还需要一段较长的实验过程。

本章着重介绍社区这一逐渐为社会生活各方面所接受的社会学概念，特别是民政部门兴起的“社区服务”事业，扩展了社会学社区理论的实用性。理论上的难点是如何分辨清楚农村和城市社区的共同点和不同点。

第八章　阶级与阶层

目的要求：通过学习重点掌握什么是阶级，阶级分析与阶层分析的理论，并正确认识西方社会学的分层理论。一般掌握社会分化与社会分层的基本涵义。

一、社会分化与社会分层

1．社会分化

社会分化是指社会中的个人或群体之间产生的被社会认可了的区别。社会分化的原因一般由于劳动分工的需要，而分化的因素基于生物的和社会文化的条件。社会整合是指社会中不同因素矛盾、冲突，经过相互顺应，达到一个协调、均衡的体系。社会的分化与整合是社会运作过程的两个不同方面的表现。

2．社会分层

在社会分化过程中，社会结构形成上下不同的若干层次，叫作社会分层。社会分层是社会分化的一个最重要形式。由于阶级、地位、权力的不同关系，就形成了不同级别的社会等级。财富、声望、权力、职业的分工及它们的社会价值和等级，构成了社会分层的基础。

解释社会分层的理论有：功能论、需要论、天才论。

二、阶级与阶层

1．阶级的起源与定义

阶级起源于：(1) 社会生产力的发展，劳动生产率的提高，从而使生产出来的产品除了自己消费以外还有剩余。(2) 私有制的出现，使剩余产品的占有成为现实，并使这种占有制度化。

所谓阶级，就是这样一些集团，由于他们在一定社会经济结构中所处的地位不同，其中一个集团能够占有另一个集团的劳动。

因此阶级的实质就是剥削。从它的历史发展看，它首先是一个经济范畴，同时也逐步地形成为一个政治范畴，思想范畴，成为一个更广泛的社会范畴。

2．等级与种姓

等级制贯穿于阶级社会的始终。

种姓制：共有四姓，婆罗门、刹帝利、吠舍、首陀罗。

3．阶级划分与阶层划分

阶级的划分是按照一定的社会集团在社会经济结构中所处的地位不同作标准的。而阶层的划分还包括人们的社会地位的高低、政治权力的大小以及其他因素在内。

进行阶层划分是阶级分析的深化，也是贯穿阶级观点的具体化。在我国剥削阶级灭亡后，进行阶层分析更能准确地理解不同阶层、不同集团人们之间的关系和矛盾，更能完善地解决有关的社会矛盾。

三、社会主义中国的阶级与阶层

1. 我国的剥削阶级消灭的过程

解放后，我国通过没收、赎买、土地改革三大政策，在1956年基本上消灭了剥削阶级。但阶级斗争在一定范围内、一定历史条件下还存在。

2. 我国目前的阶级结构

工人阶级和农民阶级两个基本阶级和一个个体劳动者阶层。工人阶级中包括知识分子。

本章是指导学生能够用马克思主义的阶级理论和阶级分析、阶层分析的方法分析社会结构及其变动的规律，重点讲解什么是阶级、阶级分析与阶层分析的方法。实事求是地认清西方分层理论的缺点、错误以及我们可以借鉴的主要之处。本章理论的难点在于当前我国阶级状况已经与列宁所讲的阶级定义不尽相同，怎样在提高认识的基础上把当前阶级加以新义则是十分必要的。尤其对我国当前的阶级结构要有一个正确的分析。

第九章　社会制度

目的要求：重点掌握社会制度的涵义，社会制度的功能及制度改革的必要性；一般掌握社会制度的类型与结构。

一、社会制度的涵义、特征与类型

1. 什么是社会制度

社会制度是在一定的历史条件下形成的社会关系和与此相联系的社会活动的规范体系。它是为满足人类的基本生存需要或解决某种社会问题的需要而出现的。它在具体运用时，有三个层次。

2. 社会制度的特征

普遍性，存在于一切空间与时间；变异性，制度是一定历史条件下的产物，随条件变化而变化；相对稳定性，是推动社会发展的重要因素，阶级性，在阶级社会中，不可避免地打下阶级的烙印。

3. 社会制度的类型

按照社会制度的起源和功能相结合的方法，社会制度可以分为两类：（1）本原的制度，即人类社会中出现得最早的母体制度，如家庭制度和经济制度。（2）派生的制度，即由本原制度派生出来的制度，包括政治、宗教和教育制度。家庭制度、经济制度、政治制度、宗教制度和教育制度是人类社会最普遍的五种社会制度。

4. 社会制度与社会规范

社会规范是人类社会活动必须遵守的行为准则，具有维持社会秩序和调节人与人关系的职能。而社会制度则是社会规范的体系，是较稳定、较普遍的社会规范系统。社会制度源于人类的最基本需要，是社会存在的最基本条件。

二、社会制度的构成与功能

1. 社会制度构成的要素

概念，社会制度具有自己的理论基础即概念系统，用以说明社会制度的目的或价值。

规则，社会制度都包含着一整套活动规则即规范系统，用以规定人们之间的相互关系以及他们各自的行为模式。

组织，一切社会制度都具有自己的代表机关，即组织系统，用以检查和推动社会制度的执行。

设备，社会制度都具有自己运行的物质手段即设备系统，用以保证社会制度的推行。

2. 社会制度的功能

满足人类社会的需要；

提供社会化的行为模式；

对社会起整合作用；

传递社会文化，促进社会发展。

三、制度建设与制度改革

1. 制度建设与制度化

制度建设是建立健全社会制度的过程，制度改革是改变或完善旧制度的过程。社会制度在不同的时代有着不同的性质，在不同的社会也有着不同的表现形态，随着社会的变迁，现存的社会制度会变得不适应新的需要，这就要求建立新的制度和改革旧的制度。

2. 我国的经济体制改革

我国的经济体制改革是由经济的旧模式向新模式的转换。旧制度模式是一种中央集权的计划经济模式，新制度模式是有中国特色的社会主义市场经济的模式。我国的经济体制改革是社会主义制度不断完善的过程。

结合现实生活实例，通过分析社会制度的涵义及功能，使学员了解社会制度在满足人类社会需要及维持社会秩序中的重要地位。

第十章　社 会 控 制

目的要求：重点掌握社会控制的涵义、法律和道德在社会控制中的地位，一般掌握社会控制的类型，功能及越轨行为与犯罪问题。

一、社会控制的涵义与功能

1. 社会控制的涵义

凡利用任何社会或文化的工具，对个人或集体行为进行约束，使其依附于社会固有的行为模式，以促进社会或群体的调适和发展的，叫做社会控制。

社会控制从历史上说有两种形式，一种是政治统治，一种是社会约束。

2. 社会控制的类型

根据性质划分为统治与制约。

以行为规范的呈现方式为标准可以将其分为正式的社会控制和非正式的社会控制。以控制所采取的手段为标准可以将其分为积极的社会控制和消极的社会控制。

依据控制的来源划分为内在控制和外在控制。

3. 社会控制的功能

社会控制有正功能和负功能之分。正功能表现在：

社会控制是阶级统治的手段，统治阶级通过约束人们的行为达到统治目的；

社会控制是社会秩序的保障，维持正常生活，促进社会发展。社会秩序的维持不仅需要社会上大部分成员对社会规范的自觉遵守，而且需要依靠对社会上少数违法犯纪的人进行约束和制裁。负功能表现在，限制了新生事物的产生，阻碍了旧行为模式的更新。

二、社会控制的方式

1. 道德、习俗和宗教

道德是一定社会用以调整人与人，人与社会之间关系的行为规范。它是非正式控制的主要依据。

习俗是人们在集体生活中通过互动和模仿逐渐形成并共同遵守的风俗、习惯。

宗教依据信仰对人们的行为具有较强的约束作用。社会主义社会保留宗教，主要目的不是用它来实行社会控制，而是用来满足一部分人的信仰需要。

2. 政权、法律和纪律

政权是统治阶级的权力，是国家一切权力的基础。

法律是由国家制定，反映统治阶级的意志，由国家政权强制实施的行为规范。

纪律是国家机关、社会团体为其成员规定的行为准则，是实现组织目标的手段。

3. 社会舆论与群体意识

社会舆论是大众对某一事物、某些人或问题的议论、评价。它根据一定的道德标准作出的，对人的行为有较强的约束力。其具有现实性强、集体的产物，大众传播的特点。

群体意识是个人对群体具有的责任感，它是道德规范的结晶，对个人行为能够发生潜移默化的影响。

三、越轨行为

1. 越轨行为及类型

越轨是与一个群体或社会的标准行为，社会期待相违背的行为，或是对公认的社会规范的背离。

越轨的判断标准受环境影响，其类型也是由于用不同的标准来划分，呈现多种多样。

2. 对越轨行为发生原因的解释

对越轨行为的解释是随着社会的发展和科技的进步逐渐深入的。

生物学解释说犯罪的人与平常人有不同的生理特征。

心理学解释说人的本我一旦失控就会造成犯罪。

社会学的解释：社会失范论认为当社会规范发生急剧变化后，人们感到无所事从就会出现犯罪。

“手段—目标”说认为，社会为人们规定了合法的目标和提供实现目标的手段是不统一的，造成人们的挫折感和紧张，促使一些人的越轨。

“标签”说认为，越轨是一些人利用人为的法规强加于某些人身上的标签。

3. 犯罪行为及其治理

犯罪是指公然违背法典，对他人和社会造成危害，按照法律应受处罚的行为。犯罪是一个世界性的问题。犯罪问题的产生和存在常常不是单纯的个别因素所造成的，而是牵涉到社会结构上的因素。解决犯罪问题，必须动员全社会的力量，改变或协调社会的整体结构。

通过讲解社会控制的涵义及功能，结合我国目前采用的手段和社会治安的基本状况，使学员明白，社会控制对维护社会秩序，协调社会关系的必要性和重要性。

第十一章　社 会 问 题

目的要求：重点掌握社会问题的涵义及其成因，我国人口问题与劳动就业问题及解决途径，一般掌握社会问题与社会发展的关系及贫穷与生态环境问题。

一、社会问题的涵义及其成因

1. 社会问题的涵义

社会问题是社会中发生的被多数人认为是不合需要或不能容忍的事件或情况，这些事件或情况影响到多数人的生活，而且必须以社会群体的力量才能进行改进。社会问题既是一个客观存在的问题，也是人们心理反映的问题。

2. 社会问题产生的一般原因

人与环境关系的失调，社会关系的失调，群体利益的冲突以致对立，群体间价值观念的冲突，社会结构失调及社会解组。

3. 社会问题与社会发展

社会发展通常引起社会结构的变动。当社会结构所具有的功能不能使组织或个人按照一定的规范，通过一定的途径充分实现自己的价值和目标时，社会混乱就发生了，社会问题就出现了。一旦依靠社会力量的通力合作解决了社会问题，社会就向前发展了。

二、人口问题

1. 人口问题的实质

人口问题是人口再生产与物质资料再生产在社会发展过程中出现的不协调现象，人口问题在不同历史时代，不同国家和地区有着不同的表现。

2. 当前我国的人口问题及危害

人口增长速度超出物质资料的增长速度是我国人口问题产生的根本原因。具体表现为：人口基数大，在出生率已降到较低水平时，人口绝对数仍然在逐年增加；

人口老龄化和老龄问题将会首先出现在大城市，然后出现在农村，最后发展到小城镇。

人口素质差。人口素质是指人口实体的各种特质，如身体素质、文化素质等。我国人口的身体素质和文化素质都不高。

危害，新增人口消费掉大量财富，降低生活水平；加重就业负担；文化低，老龄人口加大，不利经济发展。

解决我国人口问题的途径有：控制人口数量，采用强化法律，建立养老保险制度，改变生育观念的办法。

提高全民族人口的文化素质和大力发展经济。

三、劳动就业问题

1. 就业与失业

凡从事一定的社会劳动并取得劳动报酬或经营收入的，就是就业。就业有两个基本条件，一是要从事社会劳动；二是要有报酬或收入。凡不具备这两个条件的，都不视为就业。

失业是指劳动力的供给大于社会经济发展对劳动力的需求，致使一部分劳动力无法与生产资料相结合，表现为劳动力的闲置或得不到充分利用的状态。失业形成有许多原因，对人们的影响也很大。失业的功能。

2. 我国的就业问题及其解决途径

我国的劳动就业问题的特点是：(1) 城镇知识青年待业的高峰已经过去；(2) 今后解决劳动就业任务仍很艰巨；(3) 农村劳动力的闲置和剩余劳动力转化问题突出。

解决我国劳动力就业问题的途径是：(1) 发展生产、控制人口增长，作到两种生产一起抓。(2) 调整就业结构，广开就业门路；(3) 建立待业、失业保险制度。

四、贫穷问题

1. 贫穷的涵义及其类型

贫穷是指人们缺少满足他们生活基本需要的资源和手段的状况。贫穷有相对和绝对二重意义。

类型：绝对贫穷与相对贫穷，个案贫穷与集体贫穷，短期贫穷和长期贫穷。

2. 世界贫穷问题及对贫穷的理解

贫穷问题是世界性的社会问题。目前贫穷的国家大量存在，在发达国家贫穷的人口大量存在。对贫穷问题的解释有三种理论：恶性循环论、贫穷文化论、环境剥夺论。

3. 我国的贫穷问题及反贫穷实践

我国是一个历史上长期以来处于贫穷落后状况的国家，建国以来我国消灭了剥削阶级，但未能消除贫穷。自 1978 年以来，我国把反贫穷工作逐步纳入国家生产建设的轨道，采取“治穷致富”、“扶老扶本”的方针，把治标变为治本，加快了贫困的脱贫速度。

本章在讲述社会问题的认定和对人类影响的基础上，结合我国的三大社会问题进行深入讨论，使学员充分认识社会问题与人类发展的关系，自觉地维护社会的发展。讲述中，还要从现实出发。结合我国其它社会问题并组织学生进行专题讨论。

第十二章　社会保障与社会工作

目的要求：通过学习重点掌握社会保障和社会工作的基本内容和社会意义，一般掌握社会保障和社会工作的理论、历史，以及我国社会保障与社会工作的成就和改革、发展问题。

一、社会保障

1. 社会保障的涵义与内容

社会保障是国家确保其公民的最低经济生活、保证社会安定的制度。各国社会保障的内容有不同，但大都包括社会保险、社会救助、社会服务等内容。其具有经济保障、社会性、合法性和人道主义等特点。

2. 社会保障的演进和功能

社会保障起源于欧洲中世纪慈善事业，1948 年基本成熟，目前由于各国用于社会保障的支出愈来愈大，使政府不堪重负，都在进行改革。

社会保障主要从经济角度对社会公民的生活提供一种安全性保护，缓解矛盾，为社会的稳定和发展提供保证条件。但也有反作用，即滋生懒汉心理，不利于发挥人们的潜力。

3. 社会保障的理论与实践

社会保障事业在西方发达的资本主义国家发展较快，但也带来一些问题。各国在社会保障范围、水平、做法诸方面有许多不同。

二、社会工作

1. 社会工作的涵义与种类

社会工作是政府或专业机构帮助人们解决问题，促进改善其生活条件、增强其生活能力的工作，社会工作的对象范围十分广泛，广义包括全社会成员，狭义是指由于各种原因而陷入困境的贫弱者。

2. 社会工作的演进与功能

社会工作的目标是帮助社会上处于不利处境的个人、群体和社区克服困难，恢复和改善其社会功能，造福人民，保持社会稳定。

3. 社会工作的理论与方法

社会工作以人的健康成长、社会协调发展为基本理论和出发点，专业方法有个案工作、团体工作、社区工作。

三、中国社会保障与社会工作

1. 中国社会保障和社会工作的历史

我国自古就有丰富的社会福利思想，并实施过保息六政、社仓乡约等制度。

2. 新中国社会保障和社会工作的实践

新中国的社会保障和社会工作涉及面广、项目众多，但在城乡之间有较大差异。它对维持人民的正常生活，稳定社会秩序起到了一定的积极作用。其主要问题是国家包揽过多，只讲社会效益忽视经济效益，以及城乡之间差距过大等。

3. 我国社会保障和社会工作的改革与发展

建立和完善社会保障制度，培养社会工作专业人才，发展社会化服务，提高整体效益是我国社会保障和社会工作改革和发展的基本方向。

本章着重讲解社会保障与社会工作的基本内容，讲授社会工作的基本方法，解释社会保障与社会工作的关系。结合实际讲述社会保障、社会工作与我国经济发展的关系。

第十三章　社会变迁

目的要求：通过学习重点掌握马克思主义的社会变迁理论和社会流动，一般掌握其他社会变迁理论和社会发展计划问题。

一、社会变迁及其原因

1. 社会变迁的涵义

社会变迁是指一切社会现象，特别是社会结构的变化、进步、倒退、进化，革命是重要的社会变迁形式。直线型、波浪型、螺旋型是社会变迁的主要模式。

2. 社会变迁的原因

生产方式、人口、自然环境、科学技术、价值观念是导致社会变迁的几个主要因素。

3. 马克思主义的社会变迁理论

社会生产力与生产关系的矛盾、经济基础与上层建筑的矛盾导致人类社会的变迁，人类社会由低级向高级发展，这是马克思主义解释客观社会变迁的理论。

二、几种社会变迁理论述评

1. 历史循环论

历史循环论认为社会和文化都按着增长和衰落，产生和死亡这样的轨迹循环往复。主要理论有“五德终始”说，维科的“历史三阶段”说，施本格勒的“生物有机体”说，汤恩比的“社会和自然环境压力”，索罗金的“文化类型”说。

2. 社会进化论

社会进化论认为进化是社会变迁的定律，认为社会总是沿着一定进化阶梯前进的。当代进化论认为技术发展导致社会进化。

3. 社会均衡论

社会均衡论认为社会是一个系统，由相互关联的部分组成，且互相协调。社会基本上是整合的，且永远是朝向均衡状态运行的。

三、社会流动

1. 社会流动的涵义与类型

一名社会成员或某社会群体从一个社会阶级或阶层转到另一个社会阶级或阶层及在同一阶级或阶层内部职务上或活动上的变

更叫社会流动。

社会流动可分为个人流动、家庭流动、群体流动、水平流动和垂直流动，代际流动与代内流动等。

2. 社会流动与社会变迁

社会流动会引起社会结构的变化，乃至社会变迁；而社会变迁本身就包含着社会流动。二者互为作用。

四、中国革命与中国社会变迁

社会革命是一种急剧的，对整个社会进行根本改造的社会变迁形式，近代中国历史上有五大事件：1911 年的辛亥革命，1919 年五四运动，1949 年中华人民共和国的成立，1956 年消灭了剥削制度，建立了社会主义制度和我国建立独立的、比较完整的社会主义工业体系和国民经济体系。

重点分析马克思主义社会变迁理论的科学性，客观地分析社会进化论和社会均衡论。重新认识社会流动在社会改革与发展中的积极作用。

第十四章　社会现代化

目的要求：通过学习重点掌握社会现代化的涵义、内容、我国社会主义现代化的目标与途径，一般掌握社会现代化理论和我国社会现代化的历史。

一、社会现代化概述

1. 社会现代化的涵义与特点

社会现代化是传统社会以经济发展为中心，涉及到政治、法律和社会文化等方面的整个社会的变迁。它是在科技发展的带动下发生的规模宏大的快速变迁过程。它有自己的特征。

2. 社会现代化的内容

社会现代化是一个社会整体的现代化，包括经济现代化、政治民主化、管理现代化、城市化、人和生活方式现代化以及社会结构的分化等。

二、社会现代化理论述评

1. 社会趋同论

社会趋同论认为不同的社会经历同样的现代化过程，表现出相似的特征：经济工业化、政治民主化、城市化、科层化和世俗化。其主要依据是技术和工业化在社会现代化过程中的决定作用。这种观点也受到一些批评。

2. 依附理论和世界体系论

依附理论是研究发展中国家在现代化过程中受挫原因的理论，认为对西方发达国家的依附造成本身的不发展，主张同西方发达国家脱离联系。

世界体系论认为整个世界构成一个体系，西方发达国家是通过经济联系和不平等的贸易来剥削和掠夺不发达国家的。

3. 全球发展理论

全球发展理论是把全球看成一个整体，提出了各种全球性问题相互影响，相互作用的全球系统观点。

4. “信息社会”和“后工业社会”论

“信息社会”论认为人类社会正在或将要由工业社会进入信息社会，信息成为战略资源在社会中起的作用越来越重要。

“后工业社会”论认为在西方发达国家后工业社会正在到来。在这种社会中知识成为最具价值的东西。

三、中国的社会现代化

1. 中国现代化的战略决策

中国自鸦片战争以来饱受挫折，现代化进程缓慢，自中华人民共和国建立后，50 年代确定下来，以后逐渐明确分三步走的战略。

2. 战略选择的基本依据——人的社会需要

满足人的社会需要是人类社会生存、发展的目的，我国现代化战略就是依据马克思主义需要理论确定的。

本章重点分析我国社会主义现代化的目标选择，重点解剖社会趋同论和依附理论。对比中国与西方资本主义国家现代化的异同。

第十五章　社会调查研究方法

目的要求：学习本章要求重点掌握社会调查研究的一般程序，及全面调查、抽样调查等方式的基本内容，一般掌握社会调查研究方法体系和资料收集方法。

一、社会调查研究概述

1. 社会调查研究的涵义与特点

调查研究方法是研究者的工具，掌握科学的研究方法有助于认识社会和科学地揭示社会现象变动的规律。现代社会调查研究方法具有科学化、系统化、定量分析与定性分析相结合等特点。

2. 社会调查研究方法体系

社会调查研究方法体系由三个层次组成，它们是方法论、方式和方法、具体技术。三者互相联系构成一个体系。

3. 社会调查研究的程序

选题：

选题要考虑到进行这一课题研究的必要性和可能性。

设计：

本阶段要做好以下工作：初步探索、提出假设、理论解释和概念操作化、拟定调查提纲、设计调查表（问卷）、决定调查方式和方法、制定调查研究计划、试调查。

实施调查：

实施调查是调查研究的关键阶段，主要包括收集资料和整理资料两项内容。

总结：

本阶段主要有资料分析、检验假设、撰写调查研究报告三项工作。

二、实地调查前的准备工作

1. 确定调查研究课题

包括选题及选题中要注意的问题。

2. 提出研究假设

包括研究假设的意义，研究假设形式的确定和原则。

3. 研究课题的操作化

主要是调查提纲的拟定、表格的设计和指标设计。

4. 确定调查方式、方法

全面调查、抽样调查。

5. 调查的组织准备工作

调查员的选拔与培训。

三、调查资料的收集

1. 访谈法

访谈包括访问和座谈。访问有结构式访问和非结构式访问两种，使用访谈法收集资料既有优点，又有不足。

2. 问卷法

问卷法是通过填写问卷（或调查表）收集资料的方法。它是现代社会调查研究最常用的方法，制定和使用问卷要遵循一些原则。

3. 观察法

观察法是个案调查、典型调查经常使用的重要方法，包括参与观察和非参与观察两种。

4. 文献法

文献法是通过考察以往文献来收集资料的方法，是使用第二手资料的调查研究方法。

四、调查资料的整理与分析

1. 调查资料的整理

包括资料的审核、整理。

2. 资料分析

一般采用比较分析和统计分析的方法。

3. 调查报告的撰写

包括撰写调查报告的类型、应包括哪几部分内容及在撰写中应注意的问题。

重点分析社会调查研究的一般程序，分析调查研究的设计和收集资料的方法。结合社会调查的案例，帮助学员掌握调查报告的撰写。

第十六章　社会学发展综述

一、社会学的产生及早期代表人物

1. 社会学的起源和社会背景

社会学是一门较年轻的学科，从它诞生到现在，只有约一个半世纪的历史。

社会学的产生有其深刻的社会背景。(1) 18～19 世纪的欧洲经历着巨大的社会变迁；(2) 社会主义的兴起；(3) 都市化；(4) 科学技术的发展。

2. 社会学早期代表人物

(1) 孔德，法国哲学家。被公认为社会学的创始人，他不仅提出了建立社会学学科的大体设想，而且阐述了历史发展的进化过程。

(2) 斯宾塞，英国社会学家。对于人类社会进化的各种形式作了探讨，提出社会有机体说。

(3) 迪尔凯姆，法国社会学家。其理论的核心是关于社会事实的概念。

(4) 韦伯，德国社会学家。他对于统治的合法权威较有研究，将权威分成三种类型。

二、各国社会学发展综述

1. 美国社会学

在美国本国的社会学理论出现之前，美国研究社会的学者把主要精力都集中在历史哲学上。19 世纪 80 年代才出现标明社会学的课程，1889 年在堪萨斯大学创立第一个社会学系。1910～1940 年间，美国大多数的大专院校都先后开设了社会学这门课程。1940 年以后，美国社会学队伍和组织规模的发展更为可观。二战以后，美国的社会学者都倾向于把数学工具用于他们的研究上，以便迅速地从问卷中获得更多的有用的资料。

2. 西欧国家的社会学

英国很早就有社会学的传统，而且取得很出色的成就。英国大学里社会人类学这门学科的进展引人注目，特别是人类学家马林诺夫斯基和布朗在人类学研究上所取得的突出的成就，曾在许多国家产生了重大的影响。

法国是社会学的发源地。第二次世界大战前，社会学在法国学术界没有受到重视，二战后对社会学的研究兴趣才逐渐高涨。

第一次世界大战以前，社会学在德国并没有获得认可和支持。19 世纪末和 20 世纪初，德国曾经产生过一批社会思想家，他们对当代社会学理论起着重大的影响。

3. 苏联东欧国家的社会学

苏联在十月社会主义革命后不久，社会学便被取消。1956 年以后，苏联政府认为有必要重建社会学这门学科。60 年代，苏联社会学者曾对社会阶层、社会流动、劳动社会学和农村社会学开展了研究。

东欧国家的社会学发展是同他们政治上的独立密切相关的。在 1920 年前，在东欧大学里有社会学家，但并不承认社会学是一门学科。第二次大战后，波兰产生了一批杰出的社会学家。

目前，波兰的社会学在国际社会中占有显著的地位。

4. 日本的社会学

日本大学开设社会学的历史较早。日本在 1924 年成立全国社会学会。1943 年正式出版社会学刊物。二战后，日本社会的急剧变迁，促进了社会学的蓬勃发展。

5. 第三世界国家的社会学

印度各大学中社会学发展很慢。1963 年全印社会学会员为 268 名，据估计其中 16% 为外国人。非洲各大学社会学的理论方向主要是结构功能学派。中南美洲国家，从 1945 年以来，大多数较大的国家至少有一个主要的研究所专门进行社会学研究。

三、中国社会学的产生与发展

1. 中国社会学的产生和历史背景

一般地说，最早讲解社会学的是康有为。他于 1891 年在广州万木草堂讲授群学（社会学）等课程。继康有为之后，1903 年严复翻译出版了英国社会学家斯宾塞的社会学著作，书名为《群学肄言》，这是整本出版西方社会学著作的第一部，对中国社会学的产生影响甚大。

中国社会学发生于中国近代的内忧外患之际，其学说的产生，虽由于中国社会问题而起，但受西方社会学的影响较深。

2.1949 年前中国的社会学

1940 年前中国的社会学经历了四个阶段。

(1) 1891～1910 年为中国社会学的发轫期，社会学思想在中国的土地上处于启蒙阶段；

(2) 1911～1918 年为中国社会学的萌芽期；

(3) 1919～1927 年为中国社会学的幼苗期，社会学处于摸索前进，稳定发展的阶段；

(4) 1928～1948 年为中国社会学的成长期。围绕中国社会问题展开了深入的社会调查研究。

3. 社会学的重建和发展

1952 年，院校系统的社会学专业和研究单位，随着整个社会科学内容、体系的全面改革和学习苏联进行全面的院系调整，有的停止了招生，有的改为别的专业。至 1957 年，院校和科研系统的社会学活动完全被废止。1979 年以后，恢复了社会学在社会科学中应有的地位。社会学得到了新生，重建以后的社会学发展迅速。

四、现代主要社会学流派

1. 结构功能学派

第二次世界大战后，在英国产生了以帕森斯为代表的结构功能学派。帕森斯的理论是把人类社会同拥有各种器官的有机体作比较，认为人类社会也有很多结构联合在一起发生功能作用，以维持整个体系。帕森斯理论的中心点是社会体系的稳定，整合和均衡。60 年代，称霸一时的结构功能理论开始走下坡路。

2. 冲突理论

冲突理论是激烈批评结构功能理论的有力对手。它认为现代社会是经常处于冲突状态之中，结构功能论者所说的社会处于均衡状态，只是一种幻觉，冲突学派的理论观点大体上可分为两类：以达伦多夫为代表的辩证冲突论和以科瑟为代表的功能冲突论。

3. 符号互动论

这个学派对于社会生活感兴趣的是日常情景中，人们如何进行相互交往和人们如何理解社会关系。代表人物是美国芝加哥大学的米德。后因对米德的“自我”学说解释不同，该理论分为以布卢默为代表的芝加哥学派和以库恩为代表的依阿华学派。

4. 交换理论

交换理论是社会学最主要的理论观点之一，它起源于心理学行为主义的传统，或是经济理论中功利主义的传统。交换理论认为，人们在与他人发生社会交往时，总是试图得到一定的报酬和利润。交往实际上是物质的或非物质的交换。

5. 其他几种社会学的理论观点

在 60 年代和 70 年代期间还出现了各种理论观点，如现象学社会学，把意识的现象学哲学应用到社会学中；民族方法论，重点分析行动者的思想和随之而引起的行动的关系；存在社会学，着重讨论个人生活的复杂性和行动者如何对待这种复杂性；马克思主义社会学的兴起。在 60 年代后期马克思主义的社会理论在美国社会学理论中开始有较大的发展。

五、社会学学科发展的趋势和特点

1. 马克思主义社会学影响的增加

随着马克思主义理论和非马克思主义理论交锋的增多，马克思主义的社会学理论在世界各国日益受到普遍的重视。除了社会主义国家坚持以马克思主义指导研究社会学外，西方社会学者中研究马克思主义社会学理论的也不乏其人。尽管有些学者并不信仰马克思主义，但他们大都承认其重要性和对社会学的突出贡献。

2. 研究课题更多地结合社会生活实际

许多国家的院校都设有实际问题的研究机构；许多实际部门提供资助，鼓励社会学家进行实地调查。

3. 多学科的综合研究和分支学科迅速发展。

4. 社会学的国际性和本土化倾向不断加强。

学习指导

第一章 绪　论

一、教学目的和要求

本章是本书的引论，目的是提供初学者一个入门的途径，引导初学者涉足这门学科时，认识它在社会科学领域中的位置，以及学习了解它，究竟有何用处，引起初学者的兴趣，增强他们的学习信心。

学习的要求是：通过学习，重点掌握社会学这门学科产生的历史背景、科学条件和特征，马克思主义对社会的解释，社会学与历史唯物主义的关系；一般掌握什么是社会，社会学研究的领域和社会学对我国社会主义现代化建设的作用。

二、重要名词、术语

1. 本能　所谓本能，就是在动物进化过程中形成，而由遗传固定下来的，对个体和种族生存有重要意义的行为。例如鸡孵蛋、鸟筑巢、蜂酿蜜等。

2.《社会契约论》　法国思想家卢梭（1712～1778）1762年所作。书中企图回答为什么强迫一个人服从另一个人，或一个人凭什么对另一个人行使权力的问题。他的结论是：只有一种为全体人民所自由地接受的契约，能使一个人既受社会约束，又保留其自由意志。他的“社会契约”论超过了英国的经济自由主义和孟德斯鸠的实证论。他对“自然教育”及师生之间自由地认可的“契约”所作的探索是全部现代教学法运动的根源。

3. 圣西门（1760～1825） 19世纪初叶法国伟大的空想社会主义者，社会改革家。1803年在巴黎发表了处女作《一个日内瓦居民给当代人的信》，表明他的空想社会主义思想，已经略具雏形。19世纪20年代，是他创作的高峰。其代表著作有：1821年出版的《论实业体系》、1822年发表的《以促进欧洲社会改组为目的的哲学、科学和诗学研究》、1823—1824年发表了《实业家问答》，进一步描绘了未来世界的蓝图，1825年发表《论文学、哲学和实业》，明确提出了黄金时代在未来的科学论断。在他逝世前一个月发表的《新基督教》，标志着圣西门空想社会主义体系的最终完成。他以工人阶级代言人的姿态出现，表示自己终生为之奋斗的目标是迅速改进最穷苦阶级的命运。

圣西门是“批判的空想的社会主义和共产主义”的第一人。他对空想社会主义的新贡献主要在于他的历史观和理想社会主义方案中所包含的许多天才猜测。他第一次说明了人类社会历史是一个阶段接着一个阶段有规律地向前发展的进步运动；提出了生产的发展是社会进步的标志和所有制是社会大厦的基石的思想。但他不了解资本主义雇佣劳动制度的本质，幻想在实业制度中保留资产阶级在政治上的领导地位和资本主义私有制与剥削。他把无产阶级看作是一支没有任何历史主动性的社会力量。

4. 孔德（1798～1857） 法国实证主义哲学家、社会学家。实证主义和社会学的创始人。主要著作有：《实证哲学教程》（6卷，1830～1842），《实证政治体系》（4卷，1851～1854）等。孔德从秩序、进步的原则出发提出他的社会学构想。他的思想深受18世纪法国启蒙思想家关于“意见支配世界”的影响，并以法国大革命时期社会理论家A. 孔多塞和圣西门的思想为其理论来源。但孔德的社会学思想与其前驱者有所不同，他认为秩序是一切进步的前提和基础，在社会观上主张渐进的改良主义。孔德认为在整个世界发展中，群体、社会、科学甚至个人思想，都经历了三个发展阶段：①神学阶段（约在1300年以前），社会和自然都被看成是神创的。②形而上学阶段（约在1300～1800年），特征是崇拜抽象力，并以抽象的本质如“自然界”为现存事物的终极原因，而不以人格化的神来解释理实事物。③科学阶段（1800年以后），又名实证阶段，以科学信仰为其特征。人们开始放弃以神祇自然界为现存事物的本质原因的探求，致力于观察现象和探讨支配自然和社会的规律。与人类理智发展的神学、形而上学和实证科学三个阶段相对应的社会组织形式，分别是军事社会、法律社会和工业社会，相应的政权组织是神权、王权和共和政体。

孔德认为，研究社会现行的方法十分重要。为了获得实证知识，他提出了观察法、实验法、比较法和历史法四种方法。他认为社会与自然界并无本质的不同，研究自然界的方法应该贯彻到研究社会中去。这就为实证主义社会学奠定了方法论的基础。孔德又按物理学的分类方法把社会学分为社会动力学和社会静力学。孔德开启了社会学实证主义传统的先河，成为100多年来西方社会学发展中的主流。

5. 严复（1854～1921）　中国近代启蒙思想家，中国社会学的先躯者。福建侯官（今闽侯县）人。1866年入福州马尾船厂附设的船政学堂学习。1877年去英国学习海军，1879年回国后历任天津北洋水师学堂总教习、总办等职。1906年任复旦公学校长，1908年任审定名词馆总纂及资政院议员。辛亥革命后，一度任北京大学校长。

中国在甲午战争（1894～1895）失败后，处于亡国灭种的危机，严复积极投身到正在兴起的维新运动。他接连发表多篇政治论文，对专制政体进行尖锐的抨击，反对顽固保守，提倡学习西方，大胆进行变法维新。这就促使他成为19世纪末叶中国著名的启蒙思想家，也是中国共产党出生以前向西方寻求真理的代表人物之一。在戊戌维新不幸夭折后，为了继续追求维新变法，他集中精力于西方资产阶级论著的翻译工作。其中，他翻译的英国早期社会学家斯宾塞在1873年所著《社会学研究》（中译本名为《群学肄言》）于1903年出版。他翻译此书以及他的多篇的变法思想，使他成为中国社会学启蒙时期具有代表性的先行人物。

6. 康有为（1858～1927）　广东南海人。他是一个伟大的爱国主义者，是我国近代资产阶级革命思潮的代表人物之一。康有为于1888～1898年间，鉴于中国屡败于帝国主义，不忍祖国被列强“瓜分豆剖”，为了改变祖国的“兵弱财穷”的状况，曾七次上书清光绪皇帝，要求变法。在1888年第一次上书变法，未达到皇帝的“御目”。后回广州，于1891年在广州长兴里万木草堂建立长兴学舍。在长兴学舍的教学大纲中，有“经世之学”学科，在这学科中设有“群学”课程。康有为所讲的“群学”，按照他的最得意的学生、学术思想的继承人梁启超所说，属于“经世致用”之学，是如何管理、教育、组织群众之学。梁启超在康有为的引导下，继续撰写了《论合群》、《论小说与群治之关系》、《论宗教与群治之关系》等文章，申论群学，并在《进化论革命者颉德之学说》一文中，提出“人群学”一词。从而可知，康、梁实为中国社会学启蒙时期的代表，康有为所讲群学是中国社会学启蒙时期的最早声音。

7. 群学　清朝末年，西方社会学说被介绍到中国本来有两种名称，一曰群学、一曰社会学。谭嗣同于1896年著《仁学》一书中就提出社会学。章太炎于1902年翻译出版日本岸本能武太著《社会学》，中文书名也定为《社会学》。但为什么康有为、梁启超、严复却称为“群学”，而不称为“社会学”？这是由于当时的历史情况，倡言群学是适应了时代潮流，能够起到鼓励中国人救亡图存、团结御敌的功效，对国家、社会的进步更能起到促进的作用。严复在其《原强》一文中说，为什么称斯宾塞的书（指《群学肄言》）为“群学”，“就荀卿言人之贵于禽兽者，以其能群也，故曰群学”。意思是说，荀子说，人比禽兽高明，因人能合群，所以研究人群的学问，叫做“群学”。

我国古代哲学家荀子，在《荀子·王制》篇中，曾说人的力气不如牛，奔跑不如马，可是牛和马却被人使用，这是什么缘故呢？回答说，人能合群，牛马不能合群。这就是称西方社会学为群学的来源和用意。

8. 系统 所谓系统，就是相互联系的要素的复杂组合。一个系统本身，具有组织的复杂性、整体性，组织各要素之间的相互依存性和互感性。社会学把社会作为一个系统、一个整体看待。当代社会学愈来愈多地采用现代系统方法和观点来研究社会。

9. 理论社会学 又称纯粹社会学，即指从纯理论的角度来研究社会现象，探析社会现象的原因及其相互关系。它的研究主要包括社会发展动力、社会因素、社会过程、社会组成、社会控制等方面。理论社会学是社会学有史以来的传统的研究中心。从孔德的实证哲学开始，诸如斯宾塞、迪尔凯姆、韦伯等，其研究的中心都是理论社会学的内容。

10. 应用社会学 是指把社会学的理论知识（包括观点、方法、原理以及一些新的研究结论）应用于社会实际生活、社会现象和社会问题的研究，如对家庭、教育、犯罪、宗教、社会工作等方面的研究。应用社会学在我国可以为国家和社会制定有关方针、政策和发展计划提供参考依据。

11. 经验社会学 指以历史或现实社会中具体的社会现象和社会问题为对象，采用科学的手段搜集资料，用定性或定量的方法描述社会事实，以致推导出社会的因果联系各种关系。经验社会学并不排斥理论建设，但它的重点是从社会现实情况中，科学地进行调查研究，总结出理论的假设，从而进行必要的检验和修正。经验社会学最突出的特征是重视感性资料的具体搜集方法和经验研究的方法论。经验社会学还注重引进数理统计的方法并注重社会现象的文献、历史资料和人种志等资料。当前更注重引进当代新兴科学成果如系统论、信息论、控制论、以及协同论、耗散结构论等横断学科的新方法、新理论、数理分析模式和电子计算机的应用等，来丰富自己的方法和方法论，并开展实验性的研究方法。

12.《群学肄言》 严复翻译英国早期社会学家斯宾塞的《社会学原理》的一个绪论部分。1903 年于上海文明编译书局出版，书名定为《群学肄言》，即“如何学习社会学”的意思。1897 年先为上海国闻报社翻译了前两章，名为《砭愚篇》和《倡学篇》，1901～1902 年陆续译完，共十六章，于 1903 年出版。译文古雅而精深，文章并可琅琅成诵，一时风行海内。

三、重要理论和难点

（一）什么是社会

1. 中国古籍中对“社会”一词指的是什么意思？“社”是指用来祭神的一块地方，“会”就是集会。两个字合起来，就表示在一定的地方，于民间节日举行的演艺集会或祭神的庆祝活动。其次，社会是指志趣相同者结合的团体，即许多人为了一个共同目标，聚集在一个地方进行某种活动。从此可知，社会这个词不能算是外来语。

2. 马克思主义著作里对社会的解释。这主要分三点：①马克思主义认为：社会是人们交互作用的产物，是社会关系的总和。可以参考教科书中多处引证马克思主义经典著作中的论点。②马克思主义对“社会”的第二个论点是：人类社会区别于动物社会的特征是劳动。人类通过生产劳动，创造了人类的自身，创造了一定的社会关系和文化，组成了不同于其他动物靠本能而结合的社会。③马克思主义对“社会”的第三个论点是：人类社会是长期发展的产物，是与自然界有重大区别的特殊领域。

3. 我们的意见：所谓社会，它是人类历史发展的产物，是人们按照自己不断增长和提高的劳动和生活的需要，创造性地结合成不同社会关系，进行不同社会活动的生活共同体。

（二）什么是社会学

关于什么是社会学的问题，本书简单介绍了社会思想与社会学的关系以及社会学产生的历史背景与科学条件，同时，本书也力避烦琐地讨论社会学界对社会学对象的不同认识，而径直提出自己的看法：

社会学是从变动着的社会系统整体出发，通过人们的社会关系和社会行为，研究社会的结构、功能、发生、发展规律的一门综合性的社会科学。

如上的社会学定义，显示出社会学有如下几个主要的特征：

1. 社会学把社会作为一个系统、一个整体看待。这个特征是自从社会学创立以来，从一些古典社会学家起就一直强调的。至于近代，社会学愈来愈多地采用现代系统方法和整体观点。这个特征从方法论上说也可以叫做社会学的系统观、整体观。

2. 社会学的研究是从社会生活中，人们之间的相互关系和社会行为入手的。正好象马克思研究人们的经济关系从商品入手一样。人们的日常行为是人们最普遍、最经常的活动。从人们的行为入手、相互关系入手，就是从最简单明白的活动开始。

3. 社会学研究方法上的综合性。社会学的整体观、系统观和以社会关系、社会行为入手的方法论，导致社会学研究方法上的综合性。社会学强调人们社会关系与行为的多因素分析，以便更全面、更深入地探索社会诸方面的动态实况。

4. 社会学把社会整体及其内部、外部的关系放在运动与变化的过程中去进行研究。社会是历史的社会，历史是社会的历史。社会学的研究就是要指出社会历史变动的规律，也就是列宁所说的，找出“社会现象中的重复性和常规性”。

5. 社会学非常重视社会调查研究。这是社会学作为一门实证科学的突出特点，一个优良传统。社会学是从实际调查研究中产生并发展起来的，也是从调查研究的基础上建立其理论和学说，并立足于科学研究之林的。在社会学的知识领域中，调查研究占有重要位置，并单独自成体系，既有它的调查研究方法，又有它的方法论，并有它的一套完整的、不断充实和更新的操作手段。

（三）恩格斯的人的双重生产理论

本章在引述马克思主义的关于社会的三个论点时，在第一个论点：“社会是人们交往的产物，是各种社会关系的总和”中，引述了恩格斯的双重生产理论。恩格斯在《家庭、私有制和国家的起源》一书中说：“根据唯物主义观点，历史中决定性因素，归根结蒂是直接生活的生产和再生产。但是，生产本身又有两种。一方面是生活资料即食物、衣服、住房以及为此所必需的工具的生产；另一方面是人类自身的生产，即种的蕃衍。”恩格斯的双重生产理论是历史唯物主义的基本理论，用以全面地解释历史的发展和变化。

（四）中国古代的大同思想

中国的古书《礼记·礼运》篇中写道：“大道之行也，天下为公，选贤与能，讲信修睦。故人不独亲其亲，不独子其子……。是谓大同。”（全文及释文见教科书）这篇具有中国特色的古代文化的巨星，这个大同社会、大同世界的理想，深刻地影响着中国人的人生哲学，代表了中华民族的一种特性，也引导了中国近代思想家、革命家如康有为、孙中山等在中国近代资产阶级革命中做出了一系列震憾世界的革命工作。为了表达他们的理想、方向，孙中山写了“天下为公”、“世界大同”的座右铭，康有为在青年时代就撰写了具有历史意义的《大同书》。

（五）欧洲三大空想社会主义思想家

被列宁誉为马克思主义的三个来源之一的空想社会主义思想，在19世纪上半叶，进入了光辉的高潮。三大空想社会主义思想家圣西门、傅立叶和欧文的学说和活动，可以被认为既是共产主义运动的先驱，也是社会学这门学科产生的先驱。他们三人主要的贡献是：1. 对资本主义制度进行了尖锐的批判，提供了启发工人觉悟和科学地研究资本主义的宝贵材料。2. 在他们的著作中，天才地预示了一些社会真理。这些真理后来被马克思和恩格斯科学地论证了其正确性。3. 在他们关于未来社会的预测和幻想性的描绘中，还有许多积极的结论。例如圣西门提出的“人人应当劳动”的原则等。

（六）社会学与历史唯物主义的关系

社会学与历史唯物主义的关系问题，渊源已久。当孔德与马克思、恩格斯在世时，基于孔德所创立的社会学在理论上的唯心主义倾向和孔德在政治运动中的反动政治立场，他曾遭到过马克思、恩格斯不止一次的批评，但并未因此否定孔德所创立的社会学。及至列宁1894年发表了《什么是“人民之友”以及他们如何攻击社会民主主义者?》一文，引证了马克思的《政治经济学批判》序言中关于历史唯物主义经典性的定义来批评当时俄国以米哈洛夫斯基为首的、持主观主义社会学观点的民粹派的错误观点与方法时，提出马克思的观点“第一次把社会学提到了科学的水平”，因而产生了后来曲解列宁的说法，错误地认为历史唯物主义可以代替社会学，有了历史唯物主义，就不必再要进行社会学的研究了的看法。这个看法影响所及，致使十月革命后的苏联取消了社会学，而新中国1949年建立后，也逐步完全停止了社会学的科学研究与教学活动。这种替代论的错误认识，虽然经过1979年社会学座谈会，对社会学拨乱反正后恢复了，但二者的关系并未得到完全的澄清。现根据我们的认识，认为二者关系可以基本上以下述三点作一个较全面地表述：1. 历史唯物主义是社会学研究的哲学基础。历史唯物主义是社会学研究的科学的世界观、方法论。2. 社会学与历史唯物主义是有区别的。历史唯物主义是一门哲学的历史观，属于哲学的范畴，而社会学是一门具体的社会科学。历史唯物主义是从哲学的角度研究社会发展的一般规律，而社会学则是对社会现象，运用自己特有的方法进行具体的研究，找出社会构成和发展的具体规律。3. 社会学研究的科学成果，是历史唯物主义发展的源泉之一。历史唯物主义只有不断吸取具体社会科学，包括社会学的研究成果，扎根于具体科学之中，才能更加充实地发展自己。综上所述，可以看出二者是一般与特殊、指导与被指导的关系，什么“替代论”、“取消论”是错误的。

四、自　测　题

（一）填空题

1. 人要进行两种生产：一种是______的生产；一种是______的生产。在生产中体现出两种关系即：______和______。

2. 人类的社会与动物的社会的根本区别是______。

3. ______写下了“天下为公”、“世界大同”的座右铭，______在青年时代就撰写了具有历史意义的《大同书》。

4. 社会学作为一门独立的社会科学，是从______开始的，产生于______年代。

5. 孔德在提出这一名词时的基本想法，就是建立一门用______研究社会的科学。

6. 在中国第一个讲解社会学的是______，在______年。

7. 严复翻译斯宾塞的《社会学、原理》定名为《______》。

8. 社会学把社会作为一个系统、整体来看待，一个社会群体不是个人的累加而是______。

9. 作为实证科学的社会学是从______中产生并发展起来的。

10. 社会学学科按传统的分类方法大致分为______、______、______。

11. 历史唯物主义是社会学研究的______。

（二）选择题

1. “社会”一词源于（　）

A. 中国　　B. 美国　　C. 英国　　D. 德国

2. 人类社会与动物社会的本质区别是（　）。

A. 语言　　B. 思维　　C. 劳动　　D. 直立行走

3. 孔德在哪部著作中第一次提出了“社会学”这个新名词。（　）

A.《社会学研究》　　B.《社会学原理》

C.《实践哲学教程》　　D.《社会学方法的规则》

4. 中国社会学的起始人是（　）

A. 严复　　B. 康有为

C. 梁启超　　D. 陈千秋

（三）名词解释

社会　社会学　《群学肄言》　群学

（四）简答及论述题

1. 马克思是怎样看待社会的？

2. 西方社会学产生的背景和科学条件。

3. 中国社会学产生的历史背景。

4. 社会学的基本特征。

5. 社会学与历史唯物主义的关系。

6. 社会学的功能。

五、自测题参考答案

（一）填空题

1. 生活资料　人的自身　自然关系　社会关系

2. 劳动

3. 孙中山　康有为

4. 孔德　19 世纪 30

5. 自然科学的精确方法

6. 康有为　1891

7. 群学肄言

8. 结构的总和

9. 实际调查研究

10. 理论社会学、经验社会学　应用社会学

11. 哲学基础　科学世界观　方法论

（二）选择题

1.A　　2.C　　3.C　　4.B

（三）名词解释

社会、社会学两个概念见本章重要理论和难点（一）、（二），《群学肄言》、群学见本章重要名词、术语 12 和 7。

（四）简答及论述题

1. 马克思是怎样看待社会的见本章重要理论和难点（一）。

2. 西方社会学产生的背景和科学条件。

社会学产生于 19 世纪 30 年代，法国社会学、哲学家孔德在《实证哲学教程》第 4 卷中第一次提出了社会学这个新名词以及建立这门新学科的大体设想。社会学作为一门独立的社会科学，是从孔德开始的。

①19 世纪上半叶，是资本主义的上升时期，也是其弊端开始暴露的时期，生产力的发展，带来整个社会的急剧变化，资本主义发展中产生的许多社会矛盾、阶级矛盾和社会问题。人们急切寻求一门综合性的社会科学来对这一变化进行科学解释。

②社会学产生的科学条件：许多自然科学学科都取得了重大成果，这些又给社会思想家以深刻启示，即用自然科学的方法来研究社会现象。

③思想渊源：法国空想社会主义对于资本主义社会批判和分析，以及圣西门企图用物理学研究社会的想法对社会学的建立有直接影响。

3. 中国社会学产生的历史背景

中国社会学产生的历史背景是：自1840年英帝国主义发动侵略中国的鸦片战争以后，中国处于水深火热之中，太平天国和义和团的农民革命斗争不断兴起，中国的上中层人物、知识分子中，为了救亡图存也先后出现了洋务派和维新派，其中如康有为、梁启超、严复、章太炎等首先介绍和讲解群学或社会学，可称为中国社会学的启蒙思想家。从此可知中国社会学产生于中国的国家、民族、政治、社会发生了一系列空前动荡不安，产生于中国近代的内忧外患。中国社会学的产生是时代的要求。

4. 社会学的基本特征见本章重要理论和难点（二）。

5. 社会学与历史唯物主义的关系见本章重要理论和难点（六）。

6. 社会学的功能。

学习社会学，主要可以在下述几方面为我国社会主义现代化建设作出贡献：

①学习社会学，掌握现代社会的基础知识，可以使人们更加自觉地参与社会生活。

②增长社会管理才干，为建立文明、健康、科学、合理的生活方式作出贡献。

③学习社会学能够为政府决策部门提供科学的决策依据。

④社会学能为发展边缘学科和多科性综合研究作出贡献。

第二章　人的社会需要

一、教学目的和要求

通过学习，重点掌握社会需要的涵义，社会需要在人的社会生活中的重要性，马克思主义的社会需要理论和马斯洛的需要层次论。

一般掌握社会需要的类型、其他社会需要学说及社会需要的提高和满足的途径。

二、重要名词、术语

1. 需要　社会需要是人们在一定的情景下，对客观事物产生的匮乏感，而要求得到满足的社会心理反应。了解这个涵义，可从三个方面着眼：①社会需要的产生和满足有其必然性，需要得不到一定的满足，可能会阻碍个人或集体的生存或发展。②需要的产生并不是完全主观的，有其客观性。它是在社会的历史、文化情景和当前实际情况下发生的。③需要是一种社会心理现象，是客观事物，通过人的自觉能动性体现出来，表现了需要的社会性。

2. 驱力　人基于生理的要求而产生的力量，在心理学上叫"驱力"。这种驱力就是要求立即满足的紧迫感，如饥渴现象等。驱力并不等于人的需要。驱力所指偏重于生理方面的要求，而需要则不仅是生理方面的要求。同时即令在生理方面的要求上，需要也是通过社会文化的思想和行为规范来满足的。

3. 文化 文化有广狭二义。广义泛指人类创造的一切成果，狭义指人的意识形态部分。社会学采用的是广义的。社会学认为，所谓文化，是指一个社会群体的生活状态，是这个群体的，人造的生活环境，包括群体生活中所有物质的和非物质的产品。这些产品，一代一代地传递下去。文化有三个互相关联的组成部分，这三个部分即物质文化、精神文化（认知文化）和社会综合文化（规范文化）。

4. 马斯洛（1908～1970） 人本主义心理学的主要代表。曾在美国威斯康星大学、哥伦比亚大学、布兰戴斯大学执教，1968 年当选为美国心理学会主席。马斯洛注重研究动机与人格，强调人的潜能与价值。他提出需要层次说。马斯洛的人本主义心理学被认为是与心理分析、行为主义并立的心理学的“第三种势力”。

5. 行为主义心理学 美国现代心理学主要流派之一。代表人物早期有华生，后期有赫尔、托尔曼、斯金纳等。基本理论由华生在 1913 年提出。主张心理学是研究动物和人类行为的自然科学，以“刺激——反应”公式作为解释的原则，吸收巴甫洛夫的条件反射学说，认为意识是无法直接观察的，不能作为心理学研究的对象。行为主义由于方法论的狭隘，否定人类与动物的质的区别，因之不能正确对待人类意识与行为的辩证关系。

6. 人本主义心理学 20 世纪 50年代在美国兴起的一种反行为主义倾向的心理学流派。1962 年正式成立人本主义心理学分会。认为行为主义把研究的重点放在人的外部行为倾向，是把有人性的人类降低到了动物的和计算机的水平。主张心理学必须说明人的本质特性，人的内在情感，潜在的智能、目的、爱好、兴趣等人类经验的一切方面。他们也反对古典心理分析学，自称为心理学的第三阵营。

7. 浩然之气 语出自《孟子·公孙丑上》。孟子说：“我知言，我善养吾浩然之气。”学生问道：“敢问何谓浩然之气?”曰：

"难言也。其为气也，至大至刚，以直养而无害，则塞于天地之间。"在本章里讲到孟子的"浩然之气"，意思是从中国古代思想家流传下来的"浩然之气"的思想，也就是马斯洛讲的高级需要，这种高级需要养育了中国传统知识分子的高尚品德，也体现了中国文化的美德，中华民族性的特色。

三、重要理论和难点

（一）关于马克思主义的需要理论

教科书中用了较多篇幅，介绍了马克思主义的需要理论，在这里须强调的是，马克思主义的需要理论。首先，是建立在个人和社会不可分割的整体观的哲学基础上的，个人和社会是辩证的统一。"社会是人的社会，人是社会的人。"在个人和社会不可分割的前提下，就产生个人的需要并不只体现个人的意志，也是体现了个人需要的社会意义。因为人从来就不只是指自然的人，而是指社会的人。人是社会的动物。人所表达的需要，体现了人之所以谓人的本性。

其次，马克思主义的需要理论，又是历史的、辩证的看待人性与动物性——兽性的区别的，认为人性与动物性既有区别又有联系。其区别是人的需要的表现都是通过人的头脑，是人的社会性，人的一定程度的理智表现，而动物则是兽性、生理上的、本能的表现。但人性与兽性却又不能完全分开，毫无联系。恩格斯说得好："人来源于动物的事实已经决定人永远也不能摆脱兽性。所以问题永远只能在于摆脱得多些或少一些，在于兽性与人性的程度上的差异。"

第三，马克思把人类的需要活动放到历史的进程中去考察，放到生产的历史发展中去考察，认为人类的生产活动是从生产生存资料进步到生产享受资料再进步到生产发展资料。人类的生产首先是为了满足生存的需要，再提高到为了满足高级的享受的需要，最后提高到为了满足最高级的发展的需要。这是人类生产发展的三阶段，也是满足需要的三阶段，更是人类为生存而斗争进步到为享受而斗争，再进步到为发展而斗争的必然过程。

（二）关于马斯洛的“需要层次论”，这里再作一些补充说明

首先，对马斯洛的需要层次论要作全面的理解。一般地说，人们的需要是从低级需要向高级需要发展的，但事实上人们的活动并不是同时只有满足一种需要的活动，而是有几种需要活动并存的。不过在同时期内，只有一种活动占有优势，叫作需要优势。需要层次论讲的需要的转换、更替，并非需要种类的转换、更替，而是需要优势的转换、更替。

其次，马斯洛的最重要的贡献，在于他关于最高一级，即自我实现需要的看法。马斯洛自己认为这是他的需要层次论的核心，也是我们批评、议论最多的问题。批评者认为“自我实现”的论点与西方萨特的存在主义哲学思想同出一源。其根据就是自我实现与存在主义均强调个人的具体存在。其实二者是有不同的。马斯洛所谓的自我实现，是从个人主义出发的，这一点是西方以个人为中心的资本主义社会的学术观点的通病，而存在主义所谓的个人的具体存在，不是指在社会关系中的人的具体存在，而相反认为“存在先于本质”，不受社会关系和阶级条件的制约，而有“绝对的自由”，当这样的自由不能满足时，就产生悲观厌世。马斯洛则认为自我实现是一个人希望充分实现其天才和才能的潜在能力，这就激发和鼓励人们正视自己和别人的潜在能力，充分发挥自己的能力，为自己也是为别人，为社会做出一番事业。因此我们完全可以从他的论点的积极方面来充实我们需要的理论。

（三）本能与需要的区别

所谓本能，就是指人们先天遗传的固定性的行为倾向和行为模式，而需要，前已言之是指人们在一定的情景下，对客观事物产生的匮乏感，而要求得到满足的社会心理反应。二者有很大的不同。前者是先天遗传的固定性的行为倾向和行为模式，在任何不同情景下，其表现都是同样的。而后者则是对客观事物感到匮乏而提出的满足要求，其表现方式是根据不同社会情景和个人现实条件而有很大变化的。在人的行为中，如果有本能的话，也只是人的行为的前提条件，而需要则是在这些前提条件下，人们根据现实的可能，才能形成现实的需要。人的需要具有方向性。

（四）社会需要在社会生活中的地位

社会需要在社会生活中处于非常关键的位置，这表现在：

1. 需要是人的行为动力。

人的行为追求一定的目的，包括物质利益、成长条件、社会关系和精神食粮，这些目的构成人们行为的动力，构成人们向自然和社会进取的、积极的动力源泉。

2. 社会需要是人们社会关系构成的基础。

3. 社会需要与人的劳动、实践相结合，相辅相成，推动着社会的发展。

（五）集体的发展与人的需要的提高

每个社会集体，小自一个家庭，大至一个国家，都希望自己集体不断地发展并满足自己集体成员的不断增长的需要。“在现阶段，我国社会的主要矛盾是人民日益增长的物质文化需要同落后的社会生产之间的矛盾。”“在生产发展和社会财富增长的基础上不断满足人民日益增长的物质文化需要。”（《中国共产党章程》1992年10月18日党的十四次全国代表大会通过）马克思主义所表达的生存、享受和发展的三个需要发展阶段，在时间的序列上既适合于个人，也适合于一个社会集体，一个国家的情况。

我国社会主义社会建设发展分三步走的战略方针，即从温饱到小康再到基本发达的三阶段方针，既体现了马克思主义的生存、享受和发展的需要发展三阶段理论，又是从我国的实际出发，并已经取得初步成就的方针。

社会需要的提高与满足，就个人说是个人自身各种条件与环境条件相平衡的协调过程，也是个人需要与集体需要的协调过程，也是需要与可能的协调过程。所谓协调，总是双方的，即双方都能感到一定程度的满意。

四、自 测 题

（一）填空题

1. ______是作为本教科书分析的______。

2. 需要的特点包括______、______、______。

3. 需要的社会性是指需要的提出和满足都是______。

4. 按照社会需要的______，我们把它分为物质、精神和规范三类。

5. 马克思主义认为："任何人如果不同时为了____________，他就什么也不能做。"

6. ______、______、______是人类历史发展的三个阶段。

7. 马克思的需求的______和______论点至关重要，它奠定了马克思关于工人阶级相对贫穷和绝对贫穷的理论。

8. 马斯洛于______年出版的《______》一书中首次提出了需要层次论。

9. 马克思是从______阐述了需要层次论；马斯洛则是从______阐述了需要层次论。

10. 需要层次论讲的是______的更替，而不是______的更替。

（二）选择题

1. 文化是指（　）

A. 人类创造的物质财富　　B. 人类学到的科学知识

C. 人类遵循的行为规范　　D. 人类创造的所有财富

2. 需要层次论是谁初次提出的。

A. 弗洛伊德　　B. 莱格

C. 米德　　D. 马斯洛

3. “工作安定”属于哪种需要。

A. 生理的　　　　　　　　　B. 安全的

C. 归属的　　　　　　　　　D. 自尊的

(三) 名词解释

社会需要　本能　文化　优势需要

(四) 简答及论述题

1. 社会需要的涵义。

2. 社会需要在社会生活中的地位。

3. 马克思主义的需要理论。

4. 马斯洛的需要层次论。

五、自测题参考答案

(一) 填空题

1. 人的社会需要　逻辑起点

2. 必然性　客观性　社会性

3. 普遍的社会现象

4. 对象

5. 自己的需要和为了这种需要的器官而做事。

6. 生存　享受　发展

7. 社会性　相对性

8.1943　调动人的积极性的理论

9. 宏观上　微观上

10. 需要优势　需要

(二) 选择题

1.D　　2.D　　3.B

(三) 名词解释

需要、文化见本章重要名词、术语 1 和 3，本能一词见第一章绪论中的重要名词、术语 1。

优势需要：是指人在同一状态下可能会有多种需要，但其中只有一种需要占据主导地位，对人的行为起主导作用，我们把这种需要称之为优势需要。

（四）简答及论述题

1. 社会需要的涵义见本章重要名词、术语1。

2. 社会需要在社会生活中的地位见本章重要理论和难点(四)。

3. 马克思主义的需要理论见本章重要理论和难点（一）。

4. 马斯洛的需要层次论。

①美国心理学家马斯洛的需要层次论是从人的需要出发，探讨调动人的积极性的理论。1943年在《调动人的积极性的理论》一书中首次提出，到1954年在《动机与人格》一书中进一步阐述，成为行为科学激励理论的主要理论之一。

②马斯洛的激励理论强调两点：人的需求极少达到完全满足的状态，一个欲望满足后另一个迅速出现并取代它的位置。

③他把人的需要分为五个等级：a. 生理需要。如对食品、衣服、居住、喝水、性的需要等。b. 安全需要。包括防备生理损伤、疾病、经济上的灾难和意外事情的发生，以及工作安定，有保障等。c. 归属与爱的需要。希望在团体中得到别人的爱，并给予别人爱。d. 自尊的需要。建立在实际能力上的成就和他人的尊重。e. 自我实现的需要。希望充分发挥潜能，做最适宜的工作。

④这五种需要的关系是：a. 需要由低级向高级发展。b. 较低需要得到部分满足之后较高需要才会成为追求的需要。c. 高级需要更能持久地激励人。d. 可以同时部分满足几种需要，但总有一个是主要的即优势需要。e. 并不是所有人的需要都按这个顺序发展，有时可以颠倒或超越。

⑤马斯洛的需要层次论较好地解释了人的需要的变化规律及人的积极性产生的具体原因。在微观分析上，一定程度上丰富、发展了马克思主义的需要理论。

第三章 社会交往

一、教学目的和要求

通过本章学习要重点掌握社会交往的涵义及其对个人成长及社会发展的意义，了解社会交往的各种类型，特别是竞争与合作、冲突与顺应的涵义与相互作用的特征。重点掌握诸社会交往理论的主要内容，特别是马克思主义的社会交往理论，符号相互作用论对解释微观社会交往所作的贡献。要了解社会交往在形成社会关系过程中的地位和作用，重点掌握人际关系及其影响因素。掌握社会角色理论及复式角色、角色丛、角色扮演、角色冲突等概念，重点掌握角色扮演中的过程。了解集体行为的涵义与形成过程及形成时尚的影响因素和功能。

二、重要名词、术语

1. 社会交往 是指个人与个人、个人与团体、团体与团体之间为了满足某种需要而相互作用、相互影响的活动与过程。社会交往也称社会相互作用或社会互动。

2. "镜中之我" 是社会学家库利使用的解释人们自我认识过程的概念和理论。库利认为，人们都是以他人为镜的，在社会交往中，人们通过他人对自己行为的态度和反应而反观自己、认识自己，就像照镜子一样，看到了自己。

3. 符号 也称象征，是符号相互作用论的中心概念，它包括一切有社会意义的有形的和无形的东西，如物品、姿势、语言都可以成为代表某种意义的符号。

4. 情景定义 也称情境定义，是社会学家托马斯用来解释人们社会互动机制或过程的概念。情景定义就是给自己面对的情景下定义，作解释。它是指人们在行动之前对自己所处和面对的情景进行的审慎考虑和主观解释，这种解释对人们采取何种行动有直接影响。

5. 人际关系 是社会个体之间通过面对面的交往和相互作用而形成的相对稳定的行为模式。它具有情感性、目的性等特点。

6. 社会关系 是两类社会成员在多次交往的基础上形成的比较固定的、普遍的关系模式。它反映的是两类社会成员相互的权力、义务及利益关系。

7. 人际关系平衡论 是从动态角度分析人际关系变动规律的理论。该理论认为原有的人际关系会因关系两端的人对于另外同一事物的态度而使原有关系发生变化——加强或逆转，其规律是原有关系、二人对另外同一事物关系的符号相积为正，才使人际关系达到新的平衡状态。

8. 社会地位 也叫社会位置，是人们在社会结构、社会关系网络中所处的位置。靠先天因素获得的社会地位叫先赋地位，通过后天努力获得的社会地位叫自致地位。

9. 社会角色 是与人们特定的社会地位相一致，与社会对这个地位的期待相符合的一套行为模式。社会角色是社会地位的表现。

10. 复式角色 是一个人同时承担两个或两个以上角色的情况。一个人在不同的社会关系中会占有多个地位，承担不同的角色，他就是复式角色。

11. 角色丛 是围绕着某一社会地位而形成的一组角色。这个社会地位成为这一组角色的“生长点”。

12. 角色扮演 是社会成员具体实践他所担当的角色的过

程。

13. 角色冲突 是在角色扮演过程中，一个人因同时担当两种或两种以上角色，这些角色又对他提出相互矛盾的要求时所出现的现象。角色冲突常使他感到左右为难。

14. 集体行为 是在人群聚集的场合下，众人不受现有社会规范控制、无明确目的和行动计划的行为。

15. 时尚 是社会生活中出现的、众人对某种新出现的事物或行为方式认同、崇尚和效仿而形成的现象。对某种时尚的追逐达到狂热、不理智的程度称时狂。

三、重要理论和难点

（一）关于社会交往概念的涵义

社会交往是从动态角度分析社会现象的基本概念。这一概念是从马克思的交往理论中提取出来的。在马克思、恩格斯那里，社会交往指的是人们在生产及其他社会活动中发生的相互联系、交流和交换。他们用社会交往概念论述了历史唯物主义的理论。

在西方社会学理论中，社会相互作用或社会互动是概括人们之间有目的的相互影响的概念，这些概念是同人们的社会行动的概念相联系的，即他们要解释人们之间相互影响的意义与机制，分析这一过程所包含的社会意义。因此，西方社会学家往往在微观上使用社会相互作用的概念。

应该指出的是，本书所使用的社会交往同我们在日常生活中的交往意义有不同。我们在日常生活中常用交往指两个人、两个群体有较好的关系，双方互相有来往的状况。但本书的社会交往则排除了感情和关系好坏方面的意义，它指的是人们之间进行的任何形式有目的、有意义的相互作用与相互影响。

因此，社会交往是一个泛指的概念。社会交往也是人类社会中最常见的现象。

（二）符号相互作用论的主要观点

符号相互作用论是一种主张从相互作用着的个体的日常自然环境去研究人类群体生活的理论派别，又称符号互动论。

符号相互作用论的主要观点包括：①人的自我意识和社会都是通过相互作用即社会交往形成和发展的，使用符号是其先决条件。②语言是主要的符号系统，人际社会交往主要借助于语言进行。③个体、群体之间不但有外在相互作用，个体也有内在的“自我相互作用”，这实际上是社会过程的内化。④人的行为不是对外界刺激的机械反应，而是在其行动过程中自己“设计”的。⑤个体的行为受他对情境定义的影响。总之，符号相互作用是人们借助符号同他人交往和相互影响，并通过对这些符号进行解释以决定自己行为的过程。

（三）人际关系与社会关系的关系

人际关系与社会关系既有相同之处，又有不同之处。人际关系是社会成员之间的关系，它是社会性的关系，因此也是社会关系。社会关系不但说该种关系是社会性关系而不是生物性关系，而且这种关系是普遍性的、两类社会成员之间建立起来的相对稳定的关系。因此，社会关系具有普遍性、一般性特点。角色规范反映了社会关系的一般特征。因此，当某些个别的社会成员建立起来的关系模式普遍化为两类社会成员所遵循的行为规范时，这种人际关系才变为社会关系。另外，人际关系又是社会关系的具体表现形式。社会关系总是由具体的人来体现的，个人在表现某种社会关系时往往加进许多具体的、特殊的、情感性的因素，这种特殊个人性的关系即是人际关系。

（四）怎样理解社会角色的涵义

我们指出社会角色是社会为某一社会地位所规定的一套行为模式。社会角色是社会地位的反映。一个人在社会中的地位或位置有两种确定方式：一是他在整体社会结构中的位置，这常由职业来表征；二是他在具体的社会关系网络中的位置，如在家庭、组织中的位置。在具体的社会关系网络中，角色规定了他在同别人交往、相互作用时的行为模式，规定了他们之间的责任、义务关系。例如在师生关系中，教师、学生是两种角色，只有在教学活动中他们才会表现出他们之间的责任、义务关系。职业也是一种社会位置，它是在社会的分工、合作体系中的位置，表现这种位置的也是社会角色即职业角色。职业角色有的有对映体，如教师、售货员等，有的没有明显的对映体，如工人、农民、军人等。但不论如何，社会都为它们规定了一套合理的行为规范，即社会对占据这一位置者的要求，这就是社会角色。

（五）怎样理解角色冲突

角色冲突是社会成员在角色扮演时遇到的使他左右为难的情况。其原因是他需要同时实践两套互有矛盾的行为规范。例如，在婆媳冲突中，夹在中间既做儿子又是丈夫的他该如何去做，常使他十分为难。对于母亲，他是儿子要尽孝，对于妻子，他是丈夫要尽爱。当婆媳冲突时，两种角色——儿子和丈夫——同时向他提出不同的要求，这时他又不能分身以分别对待，这样，儿子和丈夫两种角色在他身上发生矛盾叫做角色冲突。因此，角色冲突是发生在他身上的情况，是他面临着角色冲突，而不是指他所面对的婆媳冲突。

（六）对于集体行为的理解

社会主义国家倡导集体主义，因此，集体一词在我国十分普遍。在这种背景下，集体行为一词常引起人们的误解，以为它是相对于个人而言的社会组织、单位有计划地进行的活动。这正与集体行为这一概念的涵义相背。在社会学中，集体行为是一种相当数量的人无组织、无计划甚至有些杂乱的一致性行为，如抢购物品、经商热、“文化大革命”中穿绿军装等等。对集体行为，有的称为集群行为。我们在理解这一概念、分析这一现象时要注意它的形成过程是众人在心理上互相感染、行动上互相促进的相互作用过程。

（七）关于时尚的评价

顾名思义，时尚为众人一时所尚，因而非常规性、甚至突发性成为其重要特点。时尚所崇尚的是新出现的某种事物；包括生活方式、交往方式、服饰及语言。但时尚所崇尚者并不一定是新生事物，如果被崇尚的东西是被社会认同的有价值的，它可能会保留下来。而大多数时尚是短暂的，时间一过，时尚也就自动消失，它不能被保留下来。这样，许多时尚与社会认可的新生事物无关。另外，社会常对某些时尚给以消极评价，例如赶时髦是说它长久不了，时狂则说某些人达到发狂的程度，更有贬意了。当然，时尚有时也包含着新事物的萌芽。其流行的特点一般是：第一，自上而下的传播；第二，由核心群体向边缘人群的传播；第三，时尚的流行具有循环性。其功能表现为：第一时尚可以满足人们的心理需求和物质需求，从而获得精神上的愉快。第二时尚作为对惯常行为模式的偏离，其流行可能会给社会带来清新的空气，使社会生活变得生动活泼。第三对落后观念的冲击，可能导致社会生活方式的革新。第四，在商业社会中，时尚可刺激消费、活跃经济。不健康的时尚会表现出负效应。污染以致毒化社会空气，炫耀消费造成浪费。

四、自　测　题

（一）填空题

1. 社会交往是人们之间的______、______的活动。

2. 美国心理学家米德把人的自我意识的获得划分为三个阶段，即：______、______和______。

3. 为了说明自我意识的特征，______引入了“镜中自我”。

4. 社会文化的传播有两种不同的渠道：即______和______的渠道。

5. 根据交往的______可以把社会交往划分为个人交往和群

体交往。

6. 根据交往的形式，把社会交往划分为______和______。

7. 根据交往的性质，把社会交往划分为______、______、______、______。

8. 冲突的根源是______、特点是______。

9. ______是符号相互作用的开创者。

10. 美国社会学家托马斯对符号相互作用论做出了贡献，他强调个人主观的______在社会交往中的作用。

11. 人际关系的明显特点：______和______。

12. 从社会关系产生的基础看，社会关系可以分为______、______、______。

13. 集体行为的特征：______、______、______。

14. 集体行为的类型：______、______、______、______。

15. 集体行为的成因：______、______、______、______、______、______。

（二）选择题

1. “镜中自我”是谁提出来的（　）

A. 米德　　B. 库利

C. 布卢默　　D. 托马斯

2. 以下哪种活动属于社会交往。

A. 朋友谈心　　B. 观众看电影

C. 顾客的摩肩接踵　　D. 乘客之间前拥后挤

3. “不同的社会成员或社会团体为了各自获得同一目标而进行的相互作用方式“指（　）

A. 冲突　　B. 竞争

C. 合作　　D. 顺应

4. 符号相互作用论的开创者是（　）

A. 库利　　B. 林顿

C. 托马斯　　D. 米德

5. 一位教师与学生、校长、图书馆员、校医院人员等人建立不同的角色关系，叫做（ ）

A. 复式角色　　B. 角色丛

C. 实际角色　　D. 自致角色

6. 一个人同时担当了几种角色，对个人的期待发生了矛盾，难以协调，这种现象称为（ ）

A. 角色扮演　　B. 角色冲突

C. 角色中断　　D. 角色失败

7. 以下哪一种活动不是集体行为（ ）

A. 赶时髦　　B. 抢购

C. 春游　　D. 球迷闹事

（三）名词解释

社会交往　情景定义　合作　竞争　社会角色　角色冲突　角色扮演　“镜中自我”　自致角色　集体行为　时尚

（四）简答及论述题

1. 社会交往的意义。

2. 合作需要的条件。

3. 马克思主义的交往理论。

4. 符号相互作用论。

5. 影响人际关系的因素。

6. 举例说明角色扮演及扮演过程。

7. 时尚形成的条件及功能。

五、自测题参考答案

（一）填空题

1. 相互作用　相互影响

2. 模仿阶段　嬉戏阶段　团体游戏阶段

3. 库利

4. 正式的　非正式的

5. 主体

6. 直接交往　间接交往

7. 竞争　合作　冲突　顺应

8. 社会资源相对有限　破坏性

9. 米德

10. 情景定义

11. 直接交往　情感性

12. 血缘关系　业缘关系　地缘关系

13. 非组织性　突发性　反常性

14. 骚动　传闻　社会动荡不安　社会运动

15. 环境因素　结构性压力　一致的信念　催发因素　宣传鼓动者　社会控制力

（二）选择题

1.B　2.A　3.B　4.D　5.B　6.B　7.C

（三）名词解释

竞争：是指不同的社会成员或社会团体为了各自获得同一目标而进行的相互作用的方式。

合作：是指个人或团体为了达到同一目标而互相配合的相互作用方式。

自致角色：是指通过个人的活动与努力而获得的与自致地位相适应的角色。

其余名词请参见本章重要名词、术语解释。

（四）简答及论述题

1. 社会交往的意义。

①简述社会交往的概念，指出人类离不开交往。②社会交往是个人成长的条件，个人通过社会交往习得知识、形成自我概念并认识自己。③社会交往是文化传播的手段，同代人交往可以扩

大文化的享用范围，不同世代间的交往可以传递社会文化。④社会交往是社会构成与发展的基础。人们通过交往而形成社会关系，进而形成社会。人们的共同活动或交往推动着社会发展。

2. 合作需要的条件。

第一，具有一致的目标，合作总要有某种共同的目标，缺少一致的目标，就无法进行合作。

第二，具有相近的认识。合作是一种互相配合的行为，合作各方在目标及实现目标所采取的方式上的共识，势必有助于合作的顺利进行。

第三，具有切实的行动。合作是一种现实行为，一定要落实在行动上。离开了实际行动，任何合作都将成为一纸空文。

第四，合作在某种意义上说是一种利益的结合，为了使得合作能够顺利进行，必须采取相应的措施，制定必要的规则，保证合作各方在目标达成后，各自能够获得相应的利益。

3. 马克思的社会交往理论。

①交往在马克思的著作中是一个内容丰富的概念。它既包括个人与个人、团体与团体之间的交往，又包括不同国家之间的交往，既包括物质交往，也包括精神交往。

②马克思的交往理论揭示了社会交往的物质条件：一切交往都是在人类劳动创造的财富的基础上进行的，离开了物质基础，人们之间的社会交往就无从发生。

③马克思的社会交往理论指明人的需要是产生社会交往的根本原因。人类为了生存就必须进行生产，而要生产就必须以一定方式结合起来共同活动和互相交换其活动。因此，满足人的需要是社会交往的根本原因，而社会交往则是满足人的需要的可靠保障。

④经济交往是其他一切交往的基础。马克思分析了社会交往的层次，指出：物质交往首先是人们在生产过程中的交往，是任何另一种交往的基础。

4. 符号相互作用论。

①符号相互作用论是一种解释人们相互作用的发生、作用方式与特征。强调人类交往中的象征、符号和意义的重要性的理论。

②这种理论认为人们相互作用得以发生的媒介是符号。人们通过运用大家都能够懂的、表示共同意义的符号进行交往与沟通。

③语言是主要的符号系统，人们的交往主要借助语言进行。

④社会学家布卢默总结了符号相互作用论的基本观点：第一，人们是根据他们赋予客观事物的意义来决定他所采取的行动的。第二，人们所赋予事物的意义是社会相互作用的结果。第三，人们在交往时对所处的环境总是不断地进行一种内部的解释，以便决定下一步的行动。

5. 影响人际关系的因素。

①人际关系是个人之间交往形成的关系，它是社会关系的一种具体体现。

②它具有直接性和情感性两个特点。

③人际关系交往受四个因素的影响：需求的互补性、态度的类似性、距离的远近和交往频率。

④良好的人际关系的建立受交往双方诚意、相互信任、相互尊重与合作及双方在交往中都得到满足等因素的直接影响。

6. 举例说明角色扮演及扮演过程

①每一个人在社会中都担当着一定的社会角色。当一个人具备了充当某种角色的条件，并按照这一角色所要求的行为规范去活动时就称为角色扮演。

②角色扮演是一个动态的过程，这一过程包括三个阶段：了解社会对角色的期望，培养角色意识，实践角色规范和表现角色行为。

③在角色扮演中，由于主客观因素的影响，常会出现一些问

题，如角色冲突、角色中断、角色失败等。要克服这些矛盾，顺利地扮演社会角色，一方面要切实搞好人的社会化，另一方面社会要为人们创造良好的社会条件。

举例（略）

7.时尚形成的条件及功能见本章重要理论和难点中的(七)。

第四章　人的社会化

一、教学目的和要求

通过学习，重点掌握人的社会化的涵义，社会化的必要性及其基本内容，继续社会化、再社会化、特殊社会化的关系，个性的形成与社会化的关系等。一般掌握社会化的必要性、条件及过程个性的特点。

二、重要名词、术语

1. 环境　所谓环境，是指围绕着人这个主体的，占据一定空间和时间的，构成主体存在条件的种种物质实体或社会因素。人的环境，大致上包括自然环境和社会环境两大方面。

2. 内化　所谓内化，是指人把外界事物，通过自己的劳动实践和高级神经活动作用，转变为人的思想、心理和行为规范的过程。人类认识世界和改造世界是与人这个主体自身的内部思维活动分不开的。没有主体对外界事物、现象和社会规范的内化作用，主客体之间的交互活动就不可能产生，人的社会化也就不能得以实现。

3. 依赖生活期　所谓依赖生活期是指人生下来后有一个较长的生理上、心理上不能独立生活的时期，在这段时期中，必须依赖父母或其他人抚养成人。人类的依赖生活期，一般要在16年以上，跟其他动物相比，这段时期是较长的。

4. 第二信号系统　第二信号系统是巴甫洛夫条件反射学说

中的一个重要术语。他认为在条件或信号刺激中，可以分为第一和第二信号系统。第一信号系统指直接作用于各种感觉器官的具体刺激，如声、光、电、味等刺激。这种信号刺激是动物和人类都有的。而第二信号系统，则是指作为信号刺激的语言，这是只有人类才有的。第二信号系统的学说论点，揭示了人类特有的思维的生理基础。在人类思维能力的发展中，语言、概念等的运用起着关键性的作用。

5. 人生观 社会化的基本内容之一是指点生活目标。这就是说，通过社会化的过程，让这个社会的接班人理解人为什么要活着？为什么要终日忙个不休地工作着？这就是人生的目标问题，即人生观问题。人在十一二岁，相当于初中的阶段，逐渐形成自己的人生观，因此，从国家的教育，从社会化的功能，决不应忽视青少年的人生观形成的问题。什么是人生观？简单地说，人生观即观人生，即一个人对待人生的根本观点、根本看法。由于社会生活的复杂性，每个人的经历和遭遇不同，就会形成各式各样的不同的人生观。人生观对一个人的生活道路和人生归宿起着决定性的作用。一代青年人的人生观倾向，他们的理想，往往成为一个国家未来的指导思想。健康的人生观是把个人的目标与集体的目标统一起来，既有利于集体，又有利于个人的发展。

6. 第二次诞生或心理上的断乳 是心理学家把青年期社会化的重要性作一个比喻的说法。因为青年期是指人的成长在生理上，心理上达到一定成熟的时期，也是社会化的成熟阶段，越过这个阶段，一个人就要走入社会，真正地成为广大社会中的一员。因此把青年期称为“第二次诞生”或“心理上的断乳”，意思是指人脱离母体是第一次诞生，而人被培养成才，脱离家庭、父母、学校、老师等各方面的监护，自己要跨入社会生活的大门去独立营生，则无异于第二次诞生。生理上的断乳，是指人出生到 1 岁左右，靠母乳成长，一岁以后，母乳数量、质量都降低，就要实行断乳，让孩子多吃些饭菜饮食，才能更好的发育成长。

断乳是改变婴儿的生活习惯，是一次生理危机，而青年走入社会，独立去生活，也会带来生活和思想的重大转折，又一次形成危机，可以认为是“心理上”的而非“生理上”的断乳。这样来提高教育者和受教育者双方的重视。

7. 继续社会化、再社会化和特殊社会化 社会化的一般过程是指人从出生到青年期，即至 20 岁，但社会的环境在变化，每个人也在不断变化，不可能认为早年的所学，一辈子都够用了，所以要继续社会化，活到老、学到老，才不致于落后，被社会所遗弃。特别是我国那段文化大革命灾难性后果之一，青年人没有得到很好的社会化，因此更要继续社会化，这样才能胜任未来的生活负担。

所谓再社会化，它不同于继续社会化，它是一个具有特定涵义的社会化，即指人们在社会生活中犯有越轨行为，被有关司法、公安部门收容，强制性地对其进行教化的过程。再社会化的现象，一般为犯有越轨行为的成年人，也包括过早地从家庭、学校游离到社会上做了越轨的事的青少年。再社会化的目的是由特定的机构对越轨者进行改造世界观，使之接受社会规定的，符合大多数人利益的生活方式和行为方式。

所谓特殊社会化，是指对某些身心遭受损失不能正常社会生活的一些人而进行的特殊措施的社会化过程。其对象一般为残疾人，这种社会化形式具有专门的意义。

8. 社会规范 社会规范是社会成员的行为准则。每个社会都有一套成员的行为准则。大致上可以分为软性的，即不成文的，硬性的，即成文的规范两类。前者指人们的信念、习惯、风俗、道德、伦理一类，后者主要指法，包括国家各种各类行政部门制定的法律、法规、条例、命令、决定等。软性规范在人们的社会生活中占有较大份量，深入人们生活也较细微，一般通过人们内化了的思想，自觉地遵守。而硬性规范则具有强制性。社会规范是人类社会精神文明的重要组成部分。

三、重要理论和难点

（一）复演说

复演说是用来解释人为什么会有很长的依赖生活期的。早在19世纪，生物学就有一种理论称为复演说，认为胎儿在母亲子宫内的生长发育过程复演了动物进化的过程。这个学说，从胚胎学的研究成果看，已经得到一定的验证。从这个理论出发，美国心理学家霍尔（G. S. Hall）又发展了胚胎学的这一学说，采用它来解释儿童心理的发展。认为人类的胎儿的发展复演了动物进化的程序，儿童心理的发展则复演了人类进化的历史。这是胚胎学对复演说的引伸和类比，引起不少争论。其实，霍尔的说法，早在恩格斯的《自然辩证法》中已经有所论述。书中说："正如母腹内的人的胚胎发展史，仅仅是我们的动物祖先从虫豸开始的几百万年的肉体发展史的一个缩影一样，只是这个缩影更加简略一些罢了。"

（二）条件反射学说

条件反射学说是前苏联生理学家巴甫洛夫（1849～1936）在研究消化生理的过程中提出的。所谓条件反射，即人和动物后天所形成的反射。例如，实验者先用与唾液分泌反射毫无关系的铃声来刺激狗，随后给狗吃食物，狗即分泌唾液，如果多次重复这一实验手续，则铃声本身也会引起狗的唾液分泌反射。这时的铃声已不再是无关的刺激而是条件刺激，能像食物一样引起狗的唾液分泌反射。这种由条件刺激所引起的反射，就称作"条件反射"。从此可知，条件反射是后天的一定条件之下形成的，所以不同个体所形成的条件反射总是千差万别的。条件反射的神经通路是在一定条件之下形成的，并且又可在一定条件下消失或改变，所以被称为"暂时神经联系"或简称"暂时联系"。条件反射的形成，为动物适应复杂多变的环境提供了广泛的可能性。

（三）口头语言和书面语言

人类在长期的劳动中，发展了语言的器官，发展了听觉的能力和大脑的有关结构。人类由于社会集体生活和在劳动中的相互交往，产生了语言和思维，更促进了大脑皮层的发展。其他动物对外界和内部刺激的声音所作的反应是一种与生俱来的本能的反映，而不是对声音刺激物本身有什么回答。而人类的语言，则是客观的刺激物在人们的头脑中形成的表象、概念或思想。因此人类对语言的反映是反应了语言所代表的那件事物的本身。这就使人们彼此之间能够传达他们的头脑中所反映的东西，使人们交流思想。人类的语言，是人的社会化的基础。没有语言就谈不上社会交往，更谈不上社会化。

语言分为口头语言和书面语言二种。口头语言只是能够听或说出的语言，书面语言则是在口头语言基础上形成的能够看到的语言。它是一种更为复杂的人类独有的现象。掌握了文字，学会了文字的结构和语法，这就意味着不但会说，还会写，有运用文字和其他符号的能力。经过较长期的训练，人们的思维可以在书面语言中表达得最充分、最完整、最精练。人们的书面语言又反过来可以不断地丰富和改进口头语言。

（四）皮亚杰的儿童思维发展阶段理论

瑞士心理学家皮亚杰（J.PIAGET 1896～1981）是发生认识论的创始人。以其对儿童智力规律的创造性研究闻名于世。他立足于儿童的智力发展，从个体发生的角度，研究人类认识的发生和变化，创立了发生认识论，领导了日内瓦学派，成为本世纪最著名的儿童心理学家和发展理论家。他认为儿童思维的发展是通过儿童主体的认识结构（一种形式运算结构）与从外界获得的经验相互作用而实现的。他不仅强调儿童本身对环境的作用，而且注意到社会的发展和情感的发展之间的相互作用。他把儿童思维的发展分为四个年龄阶段，即感知运动阶段、前运算阶段，具体运算阶段和形式运算阶段（或命题运算阶段）。他的研究特点是从多种角度出发研究儿童思维的发生与发展。本章在讨论社会化的过程中，以皮亚杰的理论为基础，说明个人的成长变化。这样对社会化过程的认识将更为深刻明晰了。

四、自测题

(一) 填空题

1. 人的社会化进程，是指人的需要与社会环境______、______变化的过程。

2. 人类生存的环境包括______和______。

3. 人的社会化的生物基础包括______、______、______、______。

4. 巴甫洛夫的______是解释人类学习活动、学习能力的权威学说。

5. 巴甫洛夫的信号刺激分为______、______。

6. ______是人们相互传递信息、感情的象征符号之一。

7. 社会化的基本过程包括______、______、______、______。

(二) 选择题

1. "人生在世，吃穿二字"的人生观是哪种人生观（ ）

A. 享乐主义　　B. 权力主义

C. 悲观主义　　D. 乐观主义

2. 从六七岁到十一二岁是儿童思维发展的哪个阶段（ ）

A. 形式运算　　B. 具体运算

C. 感知运算　　D. 前运算

3. 第二次断乳是指青少年

A. 心理上的矛盾　　B. 心理上脱离各方面的监护

C. 心理上的紧张　　D. 心理上与父母对立

4. 随着科学技术的发展，人们需要重新走进课堂，拿起书

本，这种现象是（　）

A. 再社会化　　B. 特殊社会化

C. 重新社会化　　D. 继续社会化

（三）名词解释

社会化　心理上的断乳　个性　内化　民族性

（四）简答及论述题

1. 社会化的基本涵义及实质。

2. 社会化的基本内容。

3. 继续社会化、再社会化和特殊社会化的异同。

4. 社会化对个性形成的影响。

五、自测题参考答案

（一）填空题

1. 相互促进　相互发展

2. 自然环境　社会环境

3. 人有脑力劳动的条件　人有较长依赖生活期　人有语言能力　人有较强的学习能力

4. 条件反射学说

5. 第一信号系统　第二信号系统

6. 语言

7. 感知运动阶段　前运算阶段　具体运算阶段　形式运算阶段或命题运算阶段

（二）选择题

1.A　2.B　3.B　4.D

（三）名词解释

1. 人的社会化：就是指一个从出生，从不知不识的生物个体的人，经过不断地学习知识、技能和社会规范，培养和提高自己的社会需要，发展自己的社会性，把自己一体化到群体中去，从而使社会不断延续和发展下去的基本过程。

2．心理上的断乳：是心理学家对人的青年期的一种比喻说法，也叫“第二次诞生”。生理上的断乳是指改变婴儿生活习惯，是一次生理危机，而青年走入社会也是重大的转变，又一次形成危机，可以认为是心理上的断乳。

3．个性：是指一个人在他的生理素质的基础上，在一定的社会历史条件下通过社会实践活动形成的观念、态度与习惯等心理特征。它是个人稳定的心理特征的总和。

4．内化：见本章重要名词、术语2。

5．民族性：是指人的个性中具有共性，这种共性扩展到一个民族，便称之为民族性。

（四）简答及论述题

1．社会化的基本涵义与实质。

社会化的基本涵义见名词解释1。

社会化的过程是从人刚出生开始的。社会化的内容指学习社会文化，即学习知识、技能和社会规范。社会化的目标是为了发展人的社会性，即把人从一个生物人转变为社会人，使社会不断延续和发展下去。

社会化的实质是人与环境的相互作用的过程。人的社会化的过程，并不是人单方面接受环境影响和教育的消极被动过程。而是人的需要与环境相互促进，相互发展变化的过程。个人的需要是个人进行各种活动的内因，环境和教育是个人发展的外因。外因通过内因，对个人的发展起到影响，反过来，内因的积极活动，也促进环境的改变和发展。这个需要与环境和教育的结合，便是人的社会化，人的成长和发展变化的实质。

2．社会化的基本内容。

①传授生活技能。包括基本生活的各种动作技巧，社会交往的技能，即学习语言和其他文化；谋求一定职业所需的专业知识技能。

②教导社会规范。社会规范是社会成员的行为准则。它约束人们的行为，调整人们的关系，维持整个社会的秩序。规范先于个人存在，一个人要参与社会生活必须学习这些规范，才能同他人交往共事。

③指点生活目标。生活目标即人生观。一个人的人生观对于他的一生有重大影响。因此，如何通过社会化指点青年人生观的健康发展，是一个十分重要的问题。

④提供角色人选。通过人的社会化过程。其最终目的是向社会输送合格的社会角色人选。

3. 继续社会化、再社会化和特殊社会化的异同。

①继续社会化指人们为了适应变动着的形势，在完成了社会化的基本过程之后的继续学习社会文化的过程。再社会化指人们在社会生活中犯有越轨行为，被有关司法、公安部门收容，强制性地进行教化的过程。特殊社会化见重要名词、术语 7。

②相同点：都是对人进行社会化，都是让人学习社会文化，价值与行为规范。

③不同点：a. 继续社会化对前一段社会化是肯定的，而再社会化对前一段社会化是否定的，而特殊社会化在正常条件下是无法实现的。b. 继续社会化是非强制性的，再社会化是强制性的，特殊社会化是专门化的。

4. 社会化对个性形成的影响。

①个性的形成有其生理、心理基础。先天的遗传，人的身体方面的因素对个性形成是有影响的。

②一个人的个性形成和发展，既受自身生理和心理条件的制约，更受社会关系的制约。在人的个性的形成过程中，生理、心理因素都以社会因素为中介发挥作用。因此，人的个性是个人社会化的产物，是随着个人社会化的进程而逐步形成和发展的。

第五章　初级社会群体与家庭

一、教学目的和要求

通过本章学习要重点掌握社会群体的涵义、特点及其功能，重点掌握初级社会群体的涵义、特征及其社会功能。掌握家庭的概念，了解家庭的几种结构类型，重点掌握家庭的功能及其变动趋势和我国传统的婚姻家庭制度的特点及新中国以来发生的变化，认识家庭在我国社会发展中的重要意义。

二、重要名词、术语

1. 社会群体　是人们通过相互交往而形成的，靠社会关系连结起来的人群。

2. 初级社会群体　也叫首属社会群体，是由面对面的交往而形成的，具有亲密的成员关系的社会群体。它反映了人们最简单，最初步的社会关系。

3. 库利　是美国社会学家，他强调人的社会属性和社会生活的特殊性，认为人通过社会交往，所形成的“镜中之我”来认识自己。他还认为家庭、游戏群体和邻里是形成社会性人格的首属社会群体或初级社会群体。

4. 家庭　是以婚姻和血缘关系为纽带的人们共同生活的社会单位。

5. 家庭结构　是指家庭成员的组合形式及其相互作用所形成的关系状态。它包括家庭由多少成员组成，由哪些成员组成和按照哪种关系模式组成。

6.《家庭、私有制和国家的起源》 是恩格斯根据美国人类学家摩尔根的研究成果写成的阐述历史唯物主义的重要著作。该书对家庭形式的演变及其原因作了历史唯物主义的分析，指出随着社会生产的发展家庭形式也不断发生变化。该书对私有制同家庭形态的关系、妇女地位及家庭的未来作了精辟的论述。该书的研究成果至今对家庭社会学还有重要影响。

7.六礼 是我国传统社会规定的一套婚姻程序，起自周代，包括纳采、问名、纳吉、纳征、请期、亲迎。

8.潘光旦 我国著名社会学家，优生学家。他认为提高民族素质是挽救民族危亡的出路之一。认为人类不仅要讲个人进步，社会进步，还要讲种族进步。他提倡包括年老父母、未成年子女等组成的折中家庭，认为此类家庭有利于个人发育和个人进步。

9.《中华人民共和国婚姻法》 是我国关于婚姻家庭的法律，迄今共有两部。1950 年婚姻法宣布：废除包办强迫、男尊女卑、漠视子女利益的封建主义婚姻制度，实行男女婚姻自由、一夫一妻、男女权利平等、保护妇女和子女的合法利益的新民主主义婚姻制度。1980 年的婚姻法重新肯定了上述原则，增加了保护老人合法权益的内容，同时把实行计划生育规定为一项新的原则。

三、重要理论和难点

（一）社会群体的涵义

社会群体不但是由人组成的群体，而且是社会性的群体。这种社会性的群体的意义是群体成员之间存在着一定的关系，维持着他们作为一个整体而存在。与此相联系，成员间有一种群体意识，也有一定的群体边界。这样，社会群体就与偶而凑在一起的一群人不同，与电影院里的观众群不同。另外，社会群体也同我们平常所说的老人、妇女、小学生等类似的包括许多同类个体的抽象概念不同。因为在这两类人群中没有较固定的、维系他们作为一个整体存在的社会关系，或者说他们只能算作一群，但未形成整体，因此电影院里的观众、老人、妇女都不构成我们这里所说的社会群体。

（二）初级社会群体的涵义

初级社会群体也叫首属社会群体或基本社会群体：三个概念是对库利所使用的英文概念翻译的不同。库利使用这一概念时，指的是对人性的形成起着基本作用的那些群体，比如家庭、邻里和儿童游戏群体。由于人们首先生活于这类群体之中，并长时间地依赖它，它对一个人的成长起着基本的、十分重要的作用，所以把它翻译成首属社会群体和基本社会群体都是有道理的。初级社会群体也包含了上述涵义。这里的初级不是相对高级而言的地位上的意义，而是与次级相对应的人们参与其中的先后，人际关系的亲疏方面的意义。初级社会群体是人们最初参与的、人际关系比较亲密的群体。显而易见，这一概念包含首属群体，基本群体的涵义。这也是初级社会群体的原本涵义。应该指出的是，由于这一概念含有人际关系亲密的意义，所以有人喜欢使用首属社会群体的概念，并用它来表示所有人际关系亲密的群体，例如一个内部关系十分融洽的朋友圈子。实际上，这与原本的意义有些不同了。

（三）家庭结构的变化趋势

从历史的角度来看，人类家庭经历了一个规模由大到小、内部结构由复杂到简单的过程，有人称之为家庭的微型化。

家庭结构微型化有经济、政治、社会等多种原因，其中经济原因、生产方式的变化是最基本的原因。恩格斯在研究家庭形式的变化时阐述的这一原理对于分析家庭结构的变迁也是适用的。

我们说家庭结构的微型化、简单化是一种趋势并不是说在任何范围内家庭总是向这个方向变化的。在历史发展的某个时期，在一定范围内家庭结构也可能变为更加复杂，家庭规模也有可能扩大。例如经济体制改革以来我国某些农村地区的家庭有扩大的迹象。这也是由具体的经济及社会因素决定的。但是从更大的时间跨度上来看，家庭结构走向微型化是必然的。这与工业化、城市化、生活方式现代化的发展趋势密切相关。

（四）家庭的功能

家庭是人类社会最基本的生活单位，也是最基本的社会组织形式。在传统社会中，人们的生活基本上都在家庭中进行，因而家庭承担着众多的社会功能。

家庭主要的社会功能有经济功能（包括生产与消费）、生物功能（包括夫妻性生活和生育）、抚育功能（包括抚养与教育）、赡养功能（包括对老年人的物质和精神赡养）、休息和娱乐的功能（包括劳动能力的恢复与再生产、精神需要的满足）。另外，家庭还有宗教功能等。

应该指出的是，并不是家庭在任何时候都具有上述全部功能，也不是所有家庭都具有上述功能。从历史的角度来看，传统社会的家庭承担着较多的功能。随着社会分工的发展，社会上出现了越来越专门化的部门来承担原由家庭承担的功能，如学校、医院、文化娱乐组织。这使得家庭的部分功能外移。但是，这些功能并没有完全移向社会专门机构，比如在教育比较发达、学校众多的现代社会里，家庭的教育功能还是十分重要的，教育任务也发生了变化。由此看来，时至今日，传统家庭的功能有些已经外移了，而且这种趋势还在发展。但是家庭不可能将全部功能外移给社会，在某些情况下家庭的某些功能还可能增强，这也就是家庭存在的理由。

（五）中国传统婚姻制度的本质特征

1. 我国古典文献有“婚姻者合二姓之好，上以事宗庙，下以继后世”的说法，这是对婚姻的经典定义。也揭示了婚姻制度的本质。这一说法表明，婚姻的目的是宗族的延续，上继祖宗，下传后世，传宗接代，延续香火。这也就决定了婚姻当事人的利益不被重视，而是强调家族、宗族的利益。由于传统社会重男性血统，所以婚姻中就有男尊女卑。这样，我国传统的婚姻制度就有重纵向世代之传递，轻婚姻当事人的个人意愿，重家族利益轻个人利益的特点。人们结婚不是为了个人，而是为了家族。因此，婚姻制度突出表现了我国家族中心主义的传统文化特征。

2. 对传统家庭制度的评价

自五四运动以来，我国知识界曾对我国传统的家庭制度给予多次批判，其中心是指责传统家庭制度只重家庭集体，忽视个人利益，特别是妇女、青年一代的利益；指责这种家庭制度扼杀人性，甚至家庭中心主义，人们对家庭的依赖也使整个社会充满惰性，从而主张家庭制度革命。另一方面，赞扬我国传统文化者则指出我国家庭制度讲人伦，讲孝悌，推崇大家庭制度，这对形成和睦的家庭关系、良好的社会秩序，对保护幼小和赡养老人都十分有利。他们从家庭是社会的细胞的观点出发指出强化家庭功能的社会意义。

我国的传统家庭制度是建立在自给自足的小农经济和儒家伦理道德之上的，带有明显的封建主义色彩，而它重视和睦的家庭关系又超出了封建制度的范围。因此，传统的家庭制度是一个综合体，今天看来它既包含有许多过时的、落后的东西，也有仍适应于现代生活的部分。这就使得，只强调它的消极的一面或积极的成分都是片面的。新中国成立以来，由于生产关系、政治制度、社会价值观念发生了重大变化，我国的家庭制度也发生了重大变化。改革开放以来，工业化、商品经济和西方文化的传入，都对我国原有的家庭制度产生了重要影响。

四、自 测 题

（一）填空题

1. 社会群体的形成原因有二：一是个人层次上，是人进行______的必要条件；二是群体层次上，能够满足人类的______。

2. 在社会学中，通常按照群体成员之间互动的特点，把社会群体分为______和______。

3. 初级群体一词是美国社会学家______首先提出来的。

4. ______是初级社会群体的最重要的特征之一。

5. 初级社会群体保持______规模。

6. 在初级社会群体中，由于人数少，人们之间可以进行______。

7. 初级社会群体一般包括______、______和______三种形式。

8. 家庭的发展经历了______、______、______、______四个阶段。

9. 从家庭结构的角度，通常把家庭划分______、______、______、______。

（二）选择题

1. 与正式组织相比，初级社会群体的主要特征是（　）

A. 规模小　　B. 人际关系密切

C. 存在长久　　D. 综合性功能

2. 由父母及未婚子女组成的家庭是（　）

A. 核心家庭　　B. 主干家庭

C. 联合家庭　　D. 其他家庭

（三）名词解释

社会群体　初级社会群体　家庭　邻里　家庭结构

（四）简答及论述题

1. 社会群体的特征。

2. 初级社会群体的涵义、特征及功能

3. 家庭的结构类型。

4. 家庭的功能。

5. 中国传统婚姻家庭的特征及新中国成立后我国婚姻家庭制度的进步。

6. 目前我国城乡家庭功能的异同。

7. 目前我国家庭中存在的问题。

五、自测题参考答案

（一）填空题

1. 社会化　某些需要

2. 初级社会群体　次级社会群体

3. 库利

4. 人际关系亲密

5. 较小的

6. 直接地面对面地互动

7. 家庭　邻里　儿童游戏群体

8. 血缘家庭　普那路亚家庭　对偶家庭　一夫一妻制家庭

9. 核心家庭　主干家庭　联合家庭　其它家庭

（二）选择题

1.B　　2.A

（三）名词解释

邻里：是指在地缘关系基础上，通过经久相处、友好往来而逐步形成的守望相助、共同生活的小型群体。

其它概念见本章重要名词、术语。

(四) 简答及论述题

1. 社会群体的特征。

第一，具有直接、明确、持久的成员关系；

第二，具有共同的群体意识；

第三，具有某种共同的行为期待和行动能力。

2. 初级社会群体的涵义、特征及功能。

初级社会群体是指由面对面的交往形成的，具有亲密的成员关系的社会群体。它反映人们最简单、最初步的社会关系，是构成社会生活的基本单位。

初级群体一词是美国社会学家库利首先提出来的。有时也被翻译成首属社会群体或基本社会群体。库利使用这一概念时，指的是对人性的形成起着基本作用的那些群体，比如家庭、邻里和儿童游戏群体。

初级社会群体有如下基本特征：

①它是自然形成的。所谓自然形成是说不是靠外力有目的的组织，家庭的建立是要履行一定的手续，但子女的加入却近乎是自然的。

②成员之间具有多重角色，表现了全部人格。在长期交往中成员之间形成多种角色关系，淡化了角色间的界线。打破了角色间的严格分工，个人通常将自己的个性全部投入，表现全部人格。在初级群体中，成员是作为一个具有完整个性的人而存在的。

③一般靠非正式的控制来维持。在初级群体中，没有严格的规章制度，而靠个人的自觉性来维持关系。

④成员关系带有浓厚的感情色彩，人际关系亲密。这是初级群体最重要的特征。亲密是指情感上的依赖，这种依赖使初级社会群体中的成员具有不可替代性。

⑤把满足成员需求放在首位。对于那些在正式组织中得不到满足的需求，初级社会群体总是想方设法加以满足。

⑥具有多方面的综合功能。同正式组织比较，从满足个人需要的角度来看，初级群体的满足手段是多方面的。

初级群体的功能：

①人的社会化的基本场所。人的社会化的初始是在初级社会群体中进行的，为人进一步社会化奠定了基础，而且对个人的成长影响深远。

②能够满足人们多方面的需要。人们为了满足需要结成群体，但不同的群体满足成员需要的程度不同。比如学校只能满足学习知识的需要，工作单位主要满足人们参与社会，获取经济收入的需要。而家庭则不同，衣食住行、结婚生子、养老送终等各种需要均可满足。

③人们走向社会的桥梁。人们在初级群体中学习基本生活技能，掌握必要的谋生手段，学会待人处世的行为规范，以很快适应更大范围的社会生活。人们经过初级群体这个桥梁，沟通与社会的联系，并跨越这道桥梁走向社会。

④初级群体有助于实现社会控制，人们对初级社会群体的认同感和责任感，使他们愿意自我约束，不做有损于本社会群体的事，这就在客观上维持了社会秩序。

3. 家庭的结构类型。

家庭结构是指家庭成员的组合形式及其相互作用而形成的关系状态。

家庭结构类型：

①核心家庭：是由父母及未婚子女组成的家庭，但通常也把夫妻两人组成的家庭。由父一方或母一方与未婚子女组成的家庭划入核心家庭的范围。

②主干家庭：是由父母（或父母一方）和一对已婚子女组成的家庭。包括有其他亲属或无其他亲属两种情况。

③联合家庭：是由父母和两对或多对已婚子女组成的，或兄弟姐妹结婚后仍不分家而组成的家庭。

④其他家庭：如由未婚兄弟姐妹组成的家庭，由祖父母（外祖父母）和孙子女（外孙子女）组成的家庭。

家庭结构处于变化之中，从历史发展的角度来看，家庭变化呈规模小型化、内部关系简单化特点。

4．家庭的功能见本章重要理论和难点中的（四）。

5．中国传统婚姻家庭的特征及新中国成立后我国婚姻家庭制度的进步。

传统婚姻家庭特征：①传宗接代是婚姻的目的。②用包办方式缔结婚姻。当事人没有发言权，完全听从父母之命，媒妁之言。③强调门当户对，注重经济利益。④推崇男尊女卑，重男轻女的权力原则。妇女在家庭中没有地位。⑤婚姻家庭的建立必须遵守一套固定的程序和规范。

新中国成立后婚姻家庭制度的进步：表现为①婚姻自由。②一夫一妻制。③男女平等，新《婚姻法》的颁布，砸碎了封建制度在婚姻关系上的枷锁，推翻了以男子为中心的夫权支配，代之以新的、自由平等的婚姻制度。使男女在婚姻关系和一般家庭关系中，得到了法律上平等的权利。

6．目前我国城乡家庭功能的异同。

①首先指出家庭所具有的一般功能：经济功能，生物功能，抚育和赡养功能，休息和娱乐功能等。②新中国成立以来我国农村家庭功能发生了重要变化，主要表现为集体化时期家庭生产功能的丧失和经济体制改革以来生产功能的恢复。但家庭仍较全面地承担着各种功能。但也有部分家庭由于其成员在乡镇机关或企业工作而不具有生产功能。③城市家庭有多种功能，但基本上不是生产单位或不具有生产功能。但也有少数家庭由于其成员从事个体劳动而具有生产功能。④城乡家庭在各种功能的强弱程度上也有不同，如农村家庭有较强的赡养功能，而城市家庭的消费功能、娱乐功能要强一些。这与它们所基于的生产方式、生活方式有关。⑤另外，在农村，许多家庭具有宗教功能，在城市，部分

家庭具有政治性的功能。

7. 目前我国家庭中存在的问题。

第一，在婚姻的缔结过程中，仍存在着包办、买卖婚姻的现象。

第二，早婚、违法婚姻问题严重。

第三，独生子女问题。

第四，老人赡养问题。

第五，离婚问题。

第六章　社会组织与科层制

一、教学目的和要求

通过本章学习使学员了解社会组织的基本特征及其在人类社会生活中的作用；重点掌握社会组织的构成要素及社会组织的结构同环境的关系；“经济人”假设和“社会人”假设的内容；社会组织的目标是一个系统、制定组织目标应该做到各分目标的整合；组织目标对组织的存在和发展的意义。通过学习，使学员了解组织管理理论的演进过程，重点掌握科层制的特征，认识其功能与反功能。了解我国组织管理的经验及组织管理改革的任务。

二、重要名词、术语

1. 社会组织　社会组织有广义和狭义两种理解，本章在狭义上使用这一概念，是指执行一定的社会职能、实现特定的社会目标，有计划地组合起来的社会群体。理解这一概念要注意“一定的社会职能”、“特定的社会目标”和“有计划地组合”这三层意思。也可以对照初级社会群体来理解社会组织，二者在目标特征、人员构成、成员关系、行为规则等方面具有明显差别。社会组织的目标明确，成员经过挑选，成员间关系不那么亲密，行为规则正规明确。

2. 社会组织的结构　社会组织的结构简称组织结构，是指组织由哪些部分构成及各部分之间所确立的关系形式。在这里，前者是从外观上来描述社会组织的结构，后者则是从实质上来分析社会组织的结构。比如，我们可以发现一个工厂分为厂部、几个车间，这是它外观上的结构，而厂部与车间之间、各车间之间的关系则是该工厂的实质性结构。因为从社会学的角度来看，工厂也是一个关系体系。

社会组织的结构可分为正式结构和非正式结构。正式结构是由社会组织的任务所要求，并由组织章程正式规定的组织各部分之间的稳定的关系形式。比如，工厂中有上下级关系，也有同级关系。上下级之间的权力、义务是什么？同级不同部门和班组、职工之间如何分工合作？这些内容由工厂的正式规定确定下来，就形成组织的正式结构。非正式结构是社会组织中存在的各种非工作关系的总和。它由两部分组成：一是社会组织中的非正式群体；二是在日常工作交往中因志投趣合而衍生出来的非工作关系。

3. 社会组织的环境 社会组织的环境简称组织环境，是指社会组织存在于其中的，影响组织生存、运行和变化的各种社会因素的总和。它包括与该社会组织有关的经济因素、政治因素、社会因素。其中既包括另外的社会组织实体，也包括社会的价值观念、社会政策。组织环境的界限难以划定，一般是指与它有直接关系的那些部分。

4. 帕森斯（1902～1979） 美国社会学家，结构功能主义的主要代表人物。帕森斯的结构功能理论认为，社会实体、社会行动都是一个系统。社会系统是行动者相互作用过程的系统。社会系统有其内部结构，每一结构都为该系统的存在和延续发挥作用或功能。他认为，在社会系统与其他系统之间，在社会系统的各子系统之间，存在着多种输入——输出的交换关系。这种交换关系和相互依存关系使社会系统趋于平衡。这一过程的内在机制是：当外部环境发生变化时，社会系统也要发生适应性变化。在某一子系统发生变化后，社会系统也要相应变化以缓解前一部分变化所造成的紧张状态。各子系统之间相互作用可以使社会系统摆脱内部紧张状态，恢复到新的稳定状态。

5. 社会组织的目标 简称组织目标，它是组织在一定时间内希望达到的状态，包括组织使命、目的对象、时限和要达到的指标几部分内容。

6. 组织过程 是社会组织为了实现其目标而配置组织资源、分配和协调组织成员活动的过程，是组织成员依照组织规则分工、合作、协调地达到目标的过程。

7. 组织成员社会化 是社会组织对其成员进行组织目标、价值、规则和技能教育，使他们成为合格的组织成员的过程。它是组织为实现其目标而塑造其成员的过程，其目标是使他们根据组织的要求认真地扮演与其岗位相适应的角色，使组织作为一个整体有效运行。

8. 手段 目标链是将组织目标分层、并把目标的达致看成是分目标的积累过程的一种观点。这种观点认为，任何一种目标都需要用一定的手段来实现，而这些手段也就成为下一层级的次目标，按层级以此类推，就会产生更为具体的目标。达致下层级目标实际上是为实现上层级目标准备了手段，这样除最高层目标之外的所有目标同时又是手段，这样被分解的目标就成为一个手段——目标链。

9. 家长制 是建立在下级对上级的效忠、服从和信赖基础上的组织管理方式。其基本特征是管理权力高度集中，管理者凭个人经验进行管理，无规章制度，或有规章而不循。这种管理方式俨如封建家庭中的家长对于成员，家长有绝对权力，而不管对错，成员的顺从只因为对方是家长。正因为如此，具有上述特征的管理方式才称为家长制。应该说明的是，家长制并不仅仅是，甚至主要不是以家庭成员为对象的管理方式，而是指具有强烈封建色彩的落后的管理方式。

10. 科学管理理论 是美国管理学家泰罗为企业管理设计的管理模式也称泰罗制，其基本内容是对工人进行规则管理，通过设计工作程序而节省时间，提高工作效率，通过工作定额和计件工资制刺激工人的积极性。列宁认为泰罗制是资产阶级用来榨取工人血汗的“科学”制度，但其中也包含有丰富的科学成就。至今为止，泰罗制仍然是工业企业广泛使用的一种管理方式。

11. 马克斯·韦伯（1864～1920）　是德国社会学家，理解社会学的奠基人。他对社会学学科的发展作出许多贡献。他倡导用投入理解的方法来认识社会行为。在组织管理方面，他使用“理想类型法”提出科学层制的模型。在社会结构的划分方面提出了用经济因素（收入）、政治因素（权力）和社会因素（声望）来共同划分社会阶级、阶层的分层思想。另外，他关于权力类型、意识或精神力量对社会发展进程影响的分析也在社会学领域有重要影响。

12. 霍桑实验　是1924年开始的由美国国家科学院全国科学研究委员会在西方电力公司的霍桑工厂进行的研究，其目的是确定照明同工人个人效率之间的精确关系。实验从 1924 年持续到 1927 年，未能得出明确的结论。梅奥等人于 20 年代后期开始介入此项研究，通过几年的对比实验提出了影响工人效率的原因：第一，工人是“社会人”，是复杂的社会系统的成员，除了追求经济收入外，还有多种社会需求。第二，企业中除了“正式组织”之外，还存在着“非正式组织”。第三，新型领导能力在于要通过对职工满足度的提高来激励职工的士气，从而达到提高生产率的目的。

13. 科层制　是韦伯提出的行政管理模型。它是组织内部职位分层、权力分等、分科设层、各司其职的组织结构形式及管理方式。其主要特征是：内部分工，职位分等，下级接受上级指挥，成员受过专门训练，组织内部排除私人感情，组织内部有严格细密的规章制度。这是一种理想型的组织与管理模型。

三、重要理论和难点

（一）社会组织的构成要素

了解社会组织的构成要素是本节的重点。社会组织的构成要素有五个：特定的目标，通过一定手续加入的成员、规章制度、领导体系和物质基础。特定目标是指为数不多的明确目标，例如学校的目标是培养人才，相比之下，很难说家庭的目标是什么。成员通过一定手续才能进入组织也与家庭有不同。规章制度，一般是明文规定的行为准则，也与初级社会群体有不同。组织领导体系的明确化、正式化也是初级社会群体难以比拟的。总的来说，可以这样来理解社会组织的要素：它们都是为了把有不同背景的人组织起来去实现一定的目标所必须的。因为社会组织是一种事业共同体。

（二）社会组织与环境的关系

社会组织的环境是影响组织生存、运行和变化的各种社会因素的总和。主要指组织的外部环境，即影响组织的外部因素。例如对于一家工厂来说原料供给者、合作者、竞争者、产品消费者、工商管理机构乃至社会政策都是它的环境。环境对社会组织生存、运行的影响是多方面的，这里讨论的只是它们对社会组织结构的影响。由于社会组织是社会大系统的一部分，所以，它必须适应环境才能生存和发展。从结构的角度来看就是有专门部门处理同环境的关系。在环境发生重大变化时，组织的部门或增或减，或加强或削弱，这就是环境变化引起的组织结构的变化。实际上，任何社会组织的变化也会对环境发生一定的影响。

（三）怎样理解社会组织的目标是一个系统

社会组织的目标是独特的、明确的，但目标本身又是可以分解的。社会组织目标可以从时间顺序、整体结构等角度来分解。从时间顺序的角度来看，组织目标可分为长远目标、中期目标和近期目标。甚至就某一目标来说，它也是由更小的一连串的目标组成的，相邻目标之间互相连接，成为手段——目标链，即前一个目标的实现成为达致后一个目标的手段。从整体与部分的角度来看，组织的整体目标又是由其各组成部分的分目标组成的，各分目标整合起来成为整体目标。还有组织目标又必须反映组织成员的个人需求，即组织应该满足组织成员的一定的需要，这要求组织目标应该在一定程度上涵盖个人目标。这样，组织目标在时序、层级上的分解和互相交织就使组织目标成为一个系统。组织目标的系统性说明各分目标处于相互联系之中，它们既互相依存又可能相互冲突，这样实现各分目标的合理整合，处理好组织总目标与分目标及各分目标之间的关系就十分重要。

（四）怎样理解组织过程

从广义上来说，组织过程是将社会组织的各种资源合理配置以推动组织有效运行的过程。资源配置有组织成员的分工与合作，也有人力资源与物质资源的合理搭配。一般地说，组织过程实际上是将分散的各种资源按照一定的顺序和逻辑联系起来，推动组织运行，达致目标的过程。社会组织的复杂性决定了组织过程的复杂性。从社会组织是一个有内部结构的整体的角度来看，组织过程是一个动员、组织、管理的过程，这既包括组织成员的社会化，也包括组织管理者对组织成员的指挥和管理。而其实质则是组织活动的制度化、规范化，是组织动力不断发挥作用的过程。从组织与环境的角度来看，组织过程则成为加工资源，制造产品的过程。组织过程贯穿于社会组织活动的始终，但在社会组织尚未定型或步入正规之前，组织过程的任务尤为艰巨。而当组织活动制度化、规范化之后，组织过程就成为自然了。组织过程包括的基本内容有：对组织成员的岗前培训；实现各工作过程的标准化，各项工作技能的标准化、工作成果的标准化；组织成员之间互相调整和适应；领导者对下属的指导和协调等。

（五）社会组织存续的条件

社会组织的存续是指组织建立起来后如何生存、延续下去。影响社会组织正常运行、生存和发展的因素很多，经济的、政治的、社会的因素都对组织的生存和发展具有重要影响。如果从社会组织是一个有复杂内部结构的整体和社会大系统中的一个子系统这两个角度来看，社会组织存续的基本条件是处理好内外两种关系，即一些管理学家（如巴纳德、西蒙等人）所说要实现组织的对内平衡和对外平衡。处理内部关系就是要满足组织各组成部分、组织成员的需求，只有如此才能激发组织成员的工作积极性。为组织作出贡献。管理学家西蒙把能够吸引组织成员为组织作贡献的东西称为诱因，认为组织要拥有足够的诱因，才能换得成员对组织的贡献。这是组织内部的交换关系。诱因是相对于组织成员的需求而言的，对不同的组织成员来说诱因可能是不同的。处理好外部关系就是处理好组织同外部环境的关系。实质上是从环境中获取资源，向社会提供它所需要的产品，只有如此，社会组织才算发挥了自己的功能，才证明自身存在的价值。总之，社会组织要存续就要处理好组织同成员、组织同社会两方面的关系。

（六）组织管理思想的演变

组织管理的思想或方式是在实践中发展的。最初的组织管理方式是家长制，这是在组织内部分工不发达，组织规模狭小，社会及组织内部被非民主文化笼罩的情况下产生的初级的管理方式，管理活动缺乏科学性。

19 世纪末到 20 世纪初产生了古典管理理论，组织管理进入科学管理阶段。首先是泰罗等人开始从事管理的实验，认为通过标准的操作方法，工作过程的标准化和制定工作定额、实行计件工资就可以提高工人的劳动生产率。其理论假设是：工人是“经济人”，他们为获取报酬而来。因此，只要用物质利益刺激他们，就会激发出积极性。韦伯的科层制则从理论的角度说明怎样才能提高组织效率。科层制没有强调报酬和刺激，而是主张用严格的规章制度来调动组织成员。但上述二者在对待人的基本态度上是相同的，即人只是规则的执行者，他们是机械的。

从霍桑实验开始的行为科学管理理论注重研究人的行为及行为产生的原因，并力图通过改善组织中的人际关系来提高效率。这对于把工人和组织成员看做机器的配件的古典管理理论来说是一种全新的思路。行为科学管理理论的基本假设是人是“社会人”。它力图通过改善组织中的人际关系，向成员提供满足需求的条件来调动他们的积极性。可以说，行为科学管理理论更重视人，并把组织成员当作人来看待，这种管理思想体现了人本主义的价值观。

第二次世界大战以后的管理理论受科学技术进步的影响，各种管理学派相竞相长，管理理论走向进一步繁荣。

（七）怎样认识科层制的功能

韦伯根据纯粹理想型的观点提出的科层制是一种理想化的组织结构和管理模式。在韦伯那里，社会组织不被看作是活生生的人的组合，而是被抽象为不同职位、不同角色、不同行为规则的组合。因此是只见规则不见人。由于韦伯是在设定的理想的状态下讨论管理问题，他没有太多关注组织与环境、特别是与变化着的环境的关系，因而有能力的成员、严密的组织规章和垂直的指挥系统足以保证组织的高效运转。

然而现实却十分复杂。首先，组织成员既非经济人、也非机械人，他们作为一个个活生生的人有多种需求。其次，组织所处的环境在发生变化，环境常常向组织提出新的需求。另外，任何规则都不可能精细到无所不包的程度，甚至例外情况总有发生。这就使得科层制在实际上不是显得陈旧和成为行动的障碍，就是显出它有许多缺漏之处。专门人才和严格的规则与组织成员追求自我发展和环境变化常常不能实现良好的配合。于是，在许多情况下科层制非但未能提高效率，反而有碍于组织的高效运行。这正是人们批评科层制的主攻之处。

虽然如此，科层制仍不失为一种有效的管理方式。特别是在组织活动缺乏创造性，组织因无规则而效率低下的情况下更是如此。

四、自 测 题

（一）填空题

1. 以组织的功能为标准可以把社会组织划分为______、______、______、______等。

2. 依据组织的严密程度可以将社会组织划分为______和______。

3. 社会组织构成的要素有______、______、______、______、______。

4. 组织与环境之间的关系主要是______。

5. 组织目标的确定有两种模式：一种为______，一种为______，其决定性的因素是______、______、______、______。

6. 就其形态而言，整体目标较为______、______、______，部门目标较为______、______。

7. 现代组织的组织过程包括如下基本内容______、______、______、______，其间贯穿着工作人员间的相互调整及领导的直接监督。

8. 提出“经济人”假设管理理论的主要代表是______。

9. ______是手工业作坊的管理方式，是与封建社会与资本主义社会早期社会组织状况有关。

10. 古典管理理论的共同特点是注重对______管理，以工作任务为中心，从而有强烈的“______”和机械主义色彩。

11. 霍桑实验得出的著名结论：人是______。

12. 管理学家麦格雷戈则从人性的角度对以往管理模式进行

分析，提出了“______”和“______”。

13. 当代管理学派反映出当代管理理论的两种特点：一是受______的影响；一是借助数学工具、计算机将组织管理______、______。

14. 我国组织管理中存在的问题表现为：______、______、______、______。

（二）选择题

1. 社会组织与外部环境的关系是（ ）

A. 交换关系　　B. 索取关系

C. 对立关系　　D. 奉献关系

2. 管理学家从人性的角度对以往管理模式进行分析，提出了“X 理论”和“Y 理论”。（ ）

A. 泰罗　　B. 法约尔

C. 麦格雷戈　　D. 梅奥

3. 注重对人的管理，以工作任务为中心，从而具有强烈的“任务本位”和机械主义色彩，这种管理理论属于（ ）

A. 家长制　　B. 古典管理理论

C. 行为科学管理理论　　D. 当代管理理论

（三）名词解释

社会组织　社会组织结构　社会组织目标 科层制　家长制　X 理论与 Y 理论

（四）简答及论述题

1. 社会组织的基本特征。

2. 组织与环境的关系。

3. 社会组织目标对组织的存在与发展的意义。

4. 怎样理解组织目标是一个系统？

5. 社会组织存续的条件。

6. 试述“经济人”假设与“社会人”假设在管理策略上有何区别。

7. 科层制及功能分析。

五、自测题参考答案

(一) 填空题

1. 经济组织　政治组织　文化教育组织　军事组织

2. 正式组织　非正式组织

3. 通过一定手续加入的成员　固定的目标　规范性的章程　权威的领导体系　必要的物质设备

4. 能量交换关系

5. 集中决策模式　民主决策模式　环境的需求　组织的资源　组织能力　上级指令

6. 宏观　概括　笼统　具体　明确

7. 岗前培训　工作过程标准化　工作技能标准化　成果标准化

8. 泰罗

9. 家长制

10. 人的　任务本位

11. 社会人

12. X 理论　Y 理论

13. 系统理论　模式化　最优化

14. 家长制管理较为普遍　行政因素干预管理　重人性　轻规则

(二) 选择题

1. A　　2. C　　3. B

(三) 名词解释

X 理论与 Y 理论：这是管理学家麦格雷戈提出的关于人性的两种假设。X 理论认为一般人天生厌恶工作，逃避责任，缺乏抱负，追求安全，因此必须加以控制，并以惩罚相威胁，才能使他们为实现组织目标而付出适当的努力；Y理论认为一般人并不是天生就不喜欢工作，在恰当的条件下他们会追求责任，并视参与目标为一种成就与报酬，他们对自己所参与的目标能实行自我指挥和自我控制，并且多数人具有解决组织中问题的能力。

其余名词见本章重要名词、术语解释。

（四）简答及论述题

1. 社会组织的基本特征。

第一，社会组织是有目的组织起来的群体。任何组织都是为了实现一定的目标而有计划组织起来的，是社会分化的结果，因此其目标比初级社会群体目标更加固定。

第二，社会组织的目标简单、明确。任何组织都是为了担负一定的社会任务而成立的，因此建立之初其目标就简单明了。

第三，社会组织成员间不那么亲密。由于组织是为完成特定目标而建立的，内部成员之间是工作关系，对事不对人，因而其成员之间的关系少带感情。

第四，社会组织中的成员关系、行为常由事本主义的、对事不对人的规则指导和调节。

第五，社会组织成员的可替代性强。

2. 组织与环境的关系见本章重要理论和难点中的（二）。

3. 社会组织目标对组织的存在与发展的意义。

第一，目标是社会组织生存合理化的根据，是组织承担社会职能的集中体现。组织只有承担有利于社会的职能，才能得到社会的认可和帮助，也才能正常运转。

第二，目标是各种不同类型社会组织相互区别的标志。各种纷繁复杂的社会组织，只有通过其目标才能区分其性质与职能。

第三，目标是社会组织内部分工合作的基础。各个社会组织根据其目标给其成员下达各种工作任务，形成工作关系。

第四，目标是团结和鼓舞社会成员的力量。成员加入组织都是抱有某种目的，因而组织目标就成为引导、鼓舞成员努力工作的力量。

第五，目标是衡量社会组织活动成效的尺度。组织成员通过工作实现的状态与目标规定的希望状态的吻合程度，来衡量其活动成效的高低。

4. 怎样理解组织目标是一个系统见本章重要理论和难点(三)。

5. 社会组织存续的条件见本章重要理论和难点中的（五）。

6. 试述“经济人”假设与“社会人”假设在管理策略上有何区别。

“经济人”假设是美国管理学家泰罗为企业设计的管理思想。这种管理思想推崇刻苦工作，经济理性和个人主义的价值观。其认为工人是为了挣钱才来工厂做工的，因此通过多劳多得物质刺激就能够激励工人勤奋工作，提高效率。这种管理方式确实有利于提高工作效率，但也使工人成为机器和工具，运用这种方式资本家剥削了工人的更大剩余价值，因而遭到批判。

“社会人”假设是由梅奥等人通过霍桑实验得出的一种管理方式。这种理论认为工人不仅仅是为钱而来工厂做工的。而是具有多方面的需求的。这种理论提出社会因素是影响工人积极性的决定性因素。因此在管理中要以人为中心，对人给予基本关心，来激发他们的积极性，提高劳动效率。这种理论开了管理理论之新风，对管理实践起了巨大的影响，我们今天许多管理的思想就来源于此理论。

7. 科层制及功能分析。

科层制是德国社会学家马克斯·韦伯提出的社会组织内部职位分层、权力分等、分科设层、各司其职的组织结构形式及管理方式。

科层制的主要特征是：①内部分工，且每一成员的权力和责任都有明确规定。②职位分等，下级接受上级指挥。③组织成员都具备各专业技术资格而被选中的。④管理人员是专职的公职人员，而不是该企业的所有者。⑤组织内部有严格的规定、纪律，并毫无例外地普遍适用。⑥组织内部排除私人感情，成员间的关系只是工作关系。

科层制作为一种组织和管理方式，对无规则低效率的传统管理方式来讲是一种进步。它可以推动、保障组织和机构的顺利运行，有效地实现组织目标。科层制的最大优点在于高效率。

但是，韦伯的科层制不是现实的，而是纯粹理想型的，实际上，社会组织的环境与加入组织的成员都在不断变化，预先的详细规定往往不能适应现实的要求，从而束缚了人的积极性，影响组织效率。

由此看来，科层制一方面具有提高组织效率的功能；另一方面又产生降低组织效率的负功能。这就要求尽量发挥其功能而避免其负功能，即通过组织内部的分工和制定规则来促进组织运行，但又不造成对组织成员积极性、主动性的限制。结合本章重要理论和难点中的（七）进行分析。

第七章　社　区

一、教学目的和要求

通过本章学习要求学员重点掌握社区的概念，它的构成要素和基本特征，了解社区与社会的区别。认识社区研究在社会学研究中的重要地位。了解农村社区的特征及我国农村社区发生的重大变化。重点掌握城市社区的涵义，城市社区同农村社区的区别，城市化的动力了解城市发展的实质和我国城市发展的特点性。应该了解城乡关系发展的过程，认识到西方国家盲目发展城市所带来的教训。重点掌握我国城乡关系、存在的问题及解决这些问题的途径。

二、重要名词、术语

1. 社区　社区是由聚居在一定的地域内、相互关联的人群形成的生活共同体，即地域性社会生活共同体。它由五个基本要素组成，即有一定的社会关系为基础组织起来的、进行共同的社会生活的人群，有一定的地域界限，进行共同的社会生活，有自己的区域文化，人们对该生活共同体有归属感、认同感。

2. 滕尼斯（1855～1936）　德国社会学家。他在研究人类社会的变迁时，提出人群组合的两种基本形式——社区与社会。他认为社区是通过血缘、邻里等建立起来的人群组合，是一个有机的整体。社会是靠人的理性建立起来的人群组合，是一种机械的合成体。他认为，中世纪向近代的整个文化的发展就是从社区向社会的进化。

3. 吴文藻（1901～1985）　我国著名的社会学家、民族学家。1935年他任燕京大学社会学系系主任，主张社会学中国化，努力倡导社区研究。他提倡用同一区位的或文化的观点和方法来研究各种社区，主张把社会学的理论和方法与文化人类学或社会人类学结合起来，对中国进行社区研究，并认为这种作法与中国国情最吻合。

4. 社区研究　社区研究也叫社会分析，是以人类生活的社区为主要对象的研究活动。它把社区放在一定的时空坐标中，描述该社区人民所赖以生活的社会结构，并通过比较，发现该社区的特点，概括出它的模式类型。

5. 农村社区　农村社区也称乡村社区，是指以农业为主要活动聚集起来的人们生活的共同体。它可以小至一个村落，大至相毗邻村落组成的区域或更大的以农业为主要活动的区域。

6.《乡土中国》　我国著名社会学家费孝通撰写的论述、分析我国传统农村社会的著作，是作者从社会结构入手研究我国传统农村社会，建立有中国特色的社会学的尝试。作者在书中进行的概括和分析至今仍有重要价值。

7. 同质性　同质性是社会学家用来分析某一社会分析单位内部各组成部分之间相似性程度的一个概念。若各组成部分在某一方面差异很小，则说它们之间具有较高的同质性。传统的农村社会就是同质性较强的社会。与同质性相对应的概念是异质性，指的是各部分之间的差异性。

8. 家族　家族是由两个以上有血亲关系的家庭组成的社会群体。它是家庭关系向外推延所形成的亲属关系体系。家族包括父族同宗亲属、母族同宗亲属、妻族的亲属。它与家庭的不同在于不以同居共财为限。在传统的农村社会，家庭是基本的社会群体。

9. 城市社区　城市社区是指在一定地域范围内、以工商业或其他非农产业为主要经济活动的一定规模的人口组成的生活共同体。它是与农村社区不同的另一类人类居住空间和生活组织形式。

10. 城市化 城市化是城市数目不断增加、城市规模不断扩大，人口不断向城市聚集的过程。城市数目增加一般由非农产业发展促成；城市规模扩大一方面因城市人口自身繁衍，另一方面因农村人口流入城市所造成。由于后一种因素对城市化的影响更大，因此，城市化又主要指农村人口改变其居住地进入城市的现象。

11. 城市化水平 它是反映一个国家或地区城市发展水平的指标，是该区域内城市人口占总人口的比重。一般地，城市化水平在20%以下为低水平，20%～40%为一般水平，40%～70%为中等水平，70%以上为高度发展水平。

12. 郊区化 它是一定数量的城市人口从市中心向效区迁移的现象。由于城市中心区各种活动密集、地价昂贵、污染严重、交通拥挤，先是一部分富人从市中心迁往郊区，后来经济活动和社会服务活动也向郊区转移，使郊区成为充满生机的聚居场所，这就是郊区化。

13. 逆城市化 是城市中的企业向农村地区转移、城市居民迁往农村地区的现象。逆城市化使得城市人口相对减少，城市人口比重降低。

14. 城乡差别 是城乡两类社区的居民在经济收入、政治地位、文化教育及生活方式等方面存在的差别，是二者在非对立基础上的差异，表现为城市优于乡村。

15. 双重城市 是一些国家、特别是发展中国家城市发展中出现的一种现象：城乡差别和农村破产使大量农民涌入城市，然而农民进城后并不能实现充分就业，即使谋得职业也只能从事低等的、多数是城市人不愿干的职业。于是，城市居民同进城农民在经济收入、社会地位、居住条件、生活方式等多方面出现巨大差异，这种现象被称为双重城市。

16. 过度城市化 是农村人口大量流入城市，从而造成劳动力供给超过城市发展需求，给城市正常运行带来沉重压力的现象。

三、重点理论和难点

（一）社区的涵义

社区是由聚居在一定地域内的、相互关联的人群形成的社会生活共同体。然而这种涵义是经历过一系列演进而形成的。开始，滕尼斯提出社区（共同体）与社会是指人类社会的两种组合形式，这时还没有强调区域的意义。当美国芝加哥学派翻译并使用这个概念时，就加进了区域的意义。而当中国社会学家根据我国的情况使用这一概念时，区域的涵义就成为社区必不可少的组成部分了。因为我国传统的农村村落与滕尼斯所说的社区的人群组合形式十分相似，区域与这种人群组合形式几乎完全配合。然而随着工业化和人们交往范围的扩大，滕尼斯所说的社区的人群组合形式在发生变化，社区的区域边界也变得越来越模糊。在一些研究和文献中，人们使用社区时多指其共同体的涵义，而对其区域特征却不那么关注了。不过本书还是在人群组合形式与区域相结合的意义上使用社区概念的。

（二）社区与社会的联系与区别

社区（或公社）、社会两个概念是滕尼斯首先使用的，原来是指两种对映的人群组合形式。社区指人们的相互关系是建立在亲密的关系之上的、聚结程度高的有机的生活共同体。社会则指建立在利益和目的之上的机械的统一体。社区与社会都是人类生活的组合形式，社区也是社会的一种表现形式。但社区与社会又有明显区别：社区是具体的人类生活形式，社会则较为抽象；社区中人们之间的关系亲密，社会中的社会关系缺乏感情色彩；社区中的居民是一个个实体，他们在心理上是相通的、表现为社区意识，而社会中的人是抽象的角色；社区强调地域特征，社会不强调地域界限。

（三）人文区位学

人文区位学也称人类生态学，是借用生物区位学（生态学）的原理研究人类社会生活的方法。区位或生态学是指各种生物在一个共生系统中所处位置或相互关系。人文区位学将社区作为一个人们生活的共同体，看作社会活动的空间单位。它注重研究不同人群在地域空间上的居住与活动分布，即区位结构，分析它们之间的相互关系。主张通过调整区位结构来加强社区成员之间的联系，使社区成为一个良好的生活共同体。

（四）农村社区的特征

农村社区是以农业（包括农、林、牧、副、渔业）为主要活动聚集起来的人们生活的共同体。它是与城市有着本质差别的另一类社区。

典型的农村社区具有如下特征：居住方式上大聚居，小分居；产业以农为主，社区居民主要以农（包括农、林、牧、副、渔业）为生；人际关系上重血缘、地缘关系；生活水平低、自给性强。

随着工业化、现代化对农村社区的影响，农村社区的典型特征也在发生变化。其中变化最明显的是农村的产业结构。在许多靠近城市、或接受城市辐射较强的农村，工业已获得迅速发展。在某些农村，工业产值已超过农业产值，社区居民赖以生存的产业基础主要不再是农业，而是工业。随着农村工业化的发展，农村居民的生活方式也发生了重要变化，无论在物质生活方面还是在精神生活方面都在向城市看齐。这样，以原来的标准来衡量这些农村已有许多不适之处，但我们习惯上仍称它们为农村，其中包括那些已经工业化了的农村。这与我国的户籍制度等因素有关。也有人称这些已经工业化但尚未成为城市的社区为中介社区。

（五）我国农村社区组织结构的变化

我国是幅员辽阔的农业大国。虽然各地发展不平衡，但农村社区还是表现出其相同的特征。在社区组织方面也是如此。社区组织结构既包括社区以何种力量组织起来，也指组织活动的具体形式。

我国传统的农村是分散的、缺乏组织的社会。1949 年以前，我国农村缺乏从中央到农村基层的纵向组织体系。一般是从中央到县级有行政组织，基层农村则自治，由农村的自治组织、家族来维持农村社会生活，而在经济领域却缺乏组织。

新中国建立后的 30 多年时间里，我国农村实行集体化，基层农村也建立了与上级相对应的组织，经济、行政、群众团体都被纳入自上而下的纵向组织体系之中，成为以政治组织为中心的社会组织体系的末梢。这时的农村社区已成为高度组织起来的社会。但这种组织主要是围绕政治活动、或以政治为中心运行的。

农村实行家庭承包责任制以后，原有的集体化时期的组织在许多农村被削弱，《村民委员会自治法》的实行使农村向自治状态回复，一些农村出现了合作组织，但农村的组织程度是大大降低了。这一方面为解放农村生产力创造了条件，另一方面则给农村基层社会管理造成巨大威胁。

（六）关于城市社区的界限

城市社区是相对于农村而言的另一类社区，它是以从事非农产业为主要活动的社区。从理论上来说，从人口的聚居程度和产业结构的角度区分城市和农村是不困难的，尽管城市和农村的界限不那么截然。一个城市可以看作一个社区，但这种社区不象村落式的农村社区那样，社区特征很明显。比如社区文化、居民对社区的认同感都远不如农村社区。随着城市的发展，城市对周围农村的辐射力越来越大，周围农村的生产、生活受到城市的强烈影响，以致于城市和农村之间形成了一个中间过渡地带。在这种情况下，划定城市社区的界限就比较困难。特别是在几个大城市连成一片的情况下，城乡划分就更加困难。因为社区基本上不是行政区划的概念，而是着重其生活共同体的意义。正是因此，在一个城市中用行政区划的方法来界定社区也有很多局限性。例如，一条街道两旁的居民可能有很多联系、一侧的居民可以使用另一侧的服务设施。这样，用街道作为边界来划分社区就有不妥。因此，在研究城市社区时要注意到它的边界是模糊的。随着社会的发展、社会整体性的增强，社区的界限将变得更加模糊。

（七）我国城市划分的标准

我国城乡的划分标准是：按照行政规定，建制镇和市属于城市，乡镇和乡村属于农村。建制镇是达到国务院规定的建镇标准，由省、自治区、直辖市批准设置的镇。1984年国务院规定，凡县级地方国家机关所在地；或总人口在2万以下的乡、其乡政府驻地非农村人口超过2000人的；或总人口在2万人以上的乡、其乡政府驻地非农业人口占全乡人口10%以上；或少数民族地区、人口稀少的边远地区、山区和小型工矿区、小港口、风景旅游、边境口岸等地，非农业人口虽不足2000人，确有必要，都可建镇。乡镇是还达不到建镇标准或由于各种原因尚未建镇的乡政府所在地居民点。建制镇标准的改变，建制镇人口纳入城镇人口统计范围，促进了我国城市化水平的提高。

（八）城市化的动力

城市化是人口向城市聚集的过程，农村人口流向城市是城市化的重要组成部分。

城市化、城市的发展已经经历了几千年时间，但一直比较缓慢。资产阶级工业革命之后城市化速度加快。第二次世界大战以后，第三世界国家和地区的城市化水平迅速提高。纵观世界城市化过程，如下几个因素对它发生了积极影响：

1. 经济发展。首先是农业的发展为城市的发展准备了基础。近代以来，工业化极大地推动了城市化。近现代工业要求先进的科学技术作依托，要求便捷的交通、运输及商业服务，这些只有在城市中才能实现。因此，近现代大工业大多兴建于城市，这导致大量劳动力进入城市。

2. 科学、文化事业的发展及社会管理机构的完善促进了城市的发展和城市化进程。

3. 城乡差别，城市中较高的物质生活水平和丰富的精神生活吸引农村居民向城市流动。

4. 农业生产效率的提高使农村出现剩余劳动力，为农村人口向城市流动提供了现实条件。农村的推力与城市的拉力相结合推动了城市化的进程。

（九）城乡差别及其缩小途径

城乡差别是继城乡对立之后出现的第二种城乡关系类型，它表现为城乡居民在经济收入、物质生活水平、受教育程度、精神文化生活方面的明显差异，即城市优于农村。

城乡差别由经济、政治、历史等多种因素造成。从历史发展的角度来看，城乡对立被废除后，城乡差别是它的自然继替。城市经济，特别是工业生产的高效率使城乡经济之间出现差距，城市的政治、文化中心地位也使得利益向城市一方偏离。只要不是用强力来维持，城乡差别就不会给社会发展带来巨大震荡。但是城乡差别毕竟不如人意。人们希望城乡平等、城乡协调发展，正像城乡差别不能用强力来维持一样，城乡差别的消灭也不能用强力，而只能靠发展经济、互相支持和制定合理的政策来实现。

（十）小城镇建设在我国城市化中的地位

我国实行“控制大城市规模、合理发展中等城市、积极发展小城市”的政策，小城市（镇）建设对建立合理的城市体系、推动农村发展具有重要意义。

农村城市化是我国农村的必由之路。但8亿农村人口的国情决定了我国不能走西方国家盲目发展大城市的老路。小城镇可以成为农村剩余劳动力的“蓄水池”；小城镇的发展可以促进城乡商品经济的活跃；发展小城镇有利于提高农村居民的物质、文化生活水平。小城镇建设对于走有中国特色的城市化道路具有十分重要的意义。

四、自　测　题

（一）填空题

1. 社区一词由德国社会学家______最先使用的。

2. 根据人口与地域两个特征可以把社区划分为______、______、______。

3. 我国的社区研究首先是从以______为首的燕京大学社会学系的师生开始的。

4. 社区分析的框架有______、______、______三种。

5. 农村的居住特征主要体现为______的居住方式。

6. 农村居民的生活特征表现为______、______、______、______。

7. 传统农村社区的特征有______、______、______、______、______、______。

8. 城市社区是指在一定的地域范围内大多数从事______的、一定规模的人口组成的人类生活共同体。

9. 按城市的功能可以把城市划分为______、______、______、______和______等。

10. 解放后我国城市发展的特点：______、______、______。

11. 实现城乡融合的途径有以下三个观点______、______、______。

（二）选择题

1. 中国城乡发展的理想目标为（　）

A. 城乡对立　　B. 缩小城乡差别

C. 农村发展为城市　　D. 城乡协调发展

2. 人文区位学的分析框架是由（ ）提出的。

A. 芝加哥学派　　B. 纽约学派

C. 华盛顿学派　　D. 哈佛大学学派

3. 结构功能主义的主要人物是（ ）

A. 帕森斯　　B. 斯宾塞

C. 库利　　D. 丁伯根

4. 在许多发达国家，出现了大城市居民向小城镇或农村迁移的现象，这种现象被称为（ ）

A. 过度城市化　　B. 逆城市化

C. 效区化　　D. 城乡融合

（三）名词解释

社区　人文区位学　农村社区　城市社区　城市化　过度城市化

（四）简答及论述题

1. 社区的构成要素。

2. 本世纪以来我国农村组织的变化。

3. 城市社区的特征。

4. 城市化的动力。

5. 试述城乡关系的发展及我国城乡协调发展的道路。

五、自测题参考答案

（一）填空题

1. 滕尼斯

2. 巨型社区　中型社区　微型社区

3. 吴文藻

4. 人文区位学　文化人类学　社会系统理论

5. 大聚居小分居

6. 节奏慢　自给性强　生活水平低　同质性高

7. 农业是主要的、几乎是唯一的产业　家庭是基本生活单位和组织形式　血缘关系是主要纽带　乡土观念浓重　生活水平低　土地占有是划分农村阶级与阶层的标准

8. 工商业或其它非农产业

9. 政治城市　工业城市　商业城市　文化城市　旅游城市

10. 人口增长以自然增长为主　受政治因素影响大　发展不平衡

11. 优先发展农村　优先发展城市　城乡一体化协调发展

（二）选择题

1.D　　2.A　　3.A　　4.B

（三）名词解释

人文区位学：又称人类生态学，是指借用生物进化论原理，研究社区环境的空间格局及其相互依赖关系的学说，是由美国芝加哥学派提出来的，其注重研究不同人群在地域空间上的居住与活动分布，分析他们之间的相互关系。

其余名词均见本章重要名词、术语解释。

（四）简答及论述题

1. 社区的构成要素。

社区概念（略）。社区构成要素：

①以一定的社会关系为基础组织起来的、进行共同的社会生活的人群。相当数量的具有相互联系的人群是社区的存在的首要条件。

②一定的有界线的地域。包括土地及地域中所能提供的资源。这是人们活动的场所，是人们进行共同生活的依据。

③共同的社会生活。这是社区的本质特征。

④有自己的社区文化。表现为社区风俗和基本相同的价值观念。不同的社区其文化不同。

⑤社区居民在情感及心理上对自己所属的社区有归属感和认同感。

上述社区要素在不同社区其强弱不同。

2. 本世纪以来我国农村组织的变化。

①我国农村具有典型的农村社区特征：在组织方面家庭是基本的活动单位和组织形式。血缘关系是维持农村社会运行的主要纽带。

②解放后农村实行了集体所有制，农民被置于各种组织之中，农村成为高度组织起来的社会。

③十一届三中全会以后农村推行了家庭联产承包责任制，原有的组织力量大为弱化。一些发达地区自治组织有所发展，而某些落后农村地区则处于无组织状态。结合本章重要理论和难点中（五）回答。

3. 城市社区的特征。

城市社区是指一定的地域范围大多数从事工商业或其他非农产业的一定规模的人口组成的人类生活共同体。

城市社区人口聚居规模大，密度高。

城市居民以工商业和其他非农产业为主要职业和谋生方式。

城市社区成员的异质性高。由于人口的迁移，职业的多样，使城市居民在生活、行为方式上都具有明显的差异性。

生活方式多样化。由于城市居民来源、职业、所受教育不同，其生活方式也不相同。

人际交往中情感色彩淡薄。在人际交往中以事论事的方式在交往中占主要地位。

城市居民的组织程度高，组织结构复杂。职业、组织结构的多样化，导致城市居民组织复杂。

4. 城市化的动力参见本章重要理论和难点中的（八）。

5. 试述城乡关系的发展及我国城乡协调发展的道路。

城乡关系的发展大体分为四个阶段：

第一阶段城乡分化，在远古时代，只有农村而无城市，随生产发展，剩余产品的出现，城市才逐渐从农村分化出来。

第二阶段城乡对立。即城市统治阶级在经济上剥剥，政治上压迫农村，造成农村与城市的尖锐对立。

第三阶段城乡差别。随着城市经济的发展，城市成为地区经济、政治、文化中心，使城乡居民在经济收入，物质生活水平，文化教育程度等方面均高于农村，出现城乡差别。

第四阶段城乡融合。这是把农村与城市放在一个系统中加以全面规划的思路，使二者做到优势互补，形成二者相互促进的良性循环。

我国城乡关系解放前是对立的，解放后，城市关系由对立转变为差别，城市优于农村，为了缩小差别，实现城乡协调发展，我国提出“控制大城市的规模，合理发展中等城市，积极发展小城市”的城市发展政策；打破城乡壁垒，促进城乡沟通，城乡之间广泛进行劳动力、资源、技术、产品的交流，促进城乡共同发展。城乡结合，城市支援农村。国家从“六五”开始就有计划地帮助农村发展，同时采用鼓励城乡联合办厂等政策，极大地推动了农村的发展。城乡融合发展这是一项系统工程，其艰巨性，复杂性很大，需要我们进一步探索。

第八章 阶级与阶层

一、教学目的和要求

通过学习，重点掌握什么是阶级，什么是阶层，马克思主义阶级分析与阶层分析的理论，社会分工与社会分化的关系。社会分层的标准，一般掌握社会分化与社会分层的基本涵义和因素，我国消灭阶级的过程。

二、重要名词、术语

1. 社会分化 社会分化是指社会中的个人或群体之间产生的被社会认可了的区别。社会分化现象是社会发展中的普遍现象。社会分化的原因一般由于社会的劳动分工的需要。劳动分工越来越细，社会的分化也就越来越复杂。社会分化的基本因素可以分为生物因素和社会文化因素。

2. 社会分层 按照一定的标准将人们区分为高低不同的等级序列，叫作社会分层。在社会分化过程中，由于社会是一个组织系统，因之在系统的结构上就形成上下不同，而有一定联结和关系的若干层次。社会分层是社会分化的一个重要形式。由于阶级、地位、权力等不同关系，就形成了不同的级别或社会等级。而职业的分工以及它们的社会价值和等级，则构成了社会分层的基础。

3. 种姓制度（caste system） 一般指职业世袭、内部通婚和不准外人参加的社会等级（身份）制度。曾以不同形式存在于古代和中世纪各国。以印度最为典型。印度存在四个种姓。(1) 婆罗门，即僧侣贵族。(2) 刹帝利，即武士贵族。(3) 吠舍，即农牧民及工商业者，是被剥削的小生产者。(4) “达萨”后称为“首陀罗”，是奴隶、杂工和仆役。

4. 身分 人在社会中的身分，是一个综合的概念。从人的出身、社会职业、地位以及个人的资历综合起来看人的身分的高低。中国古代有所谓“名分”，近于当前社会中身分的意思。所谓名分，指人的名位及其应守的职分。什么名分的人，就要按照什么名分去行动。不这样，就是沽名钓誉或有失身分，在等级森严的社会里是如此，在当前资本主义社会，也还是重视身分，而在社会主义的中国，至今也有不少封建社会遗留下来身分高低的观念影响着人们的价值观和行为。

5. 地主 地主这个名词，很多年轻的中国人已经没有感性认识，因为经过中国共产党长期在农村领导的土地改革运动，至1952年最后消灭了地主阶级。所谓地主，就是占有土地，自己不劳动，依靠出租土地剥削农民为主要生活来源的人。

在中国的实际情况是，地主作为封建剥削阶级只是一个总的概念，在这个阶级中又可分为十类阶层。根据他们占有土地、剥削农民的程度、政治表现和生活状况的不同，在土地改革时采取不同的政策加以对待。

三、重要理论和难点

(一) 机械团结和有机团结

法国社会学家迪尔凯姆在《社会分工论》中提出社会的机械团结和有机团结的不同概念。他认为原始社会中的团结是以血缘关系和迷信来做纽带的。社会的发展是由机械团结进化到有机团结。原始社会，分工不发达，个人之间相同性多，相异性少，一个人需要并可以同时做种种的工作。社会的组织粗疏而不紧密，个人的创造性和自由性不能尽量发展，因此，个人对社会的组织并不负什么道义上的责任，联系的形式采取机械团结，而社会有机团结则是建立在社会分工之上的联系，它产生一种新型的社会结构和社会价值，并且发展个人的人格。分工使社会像有机体一样，每个成员都为社会整体服务，同时又不能脱离整体，因此近代社会是差异的社会，又是有机团结的社会。

（二）社会分层的三标准

德国社会学家韦伯强调经济、社会、政治是社会分层的三个既有联系又有区别的体系。这种分层三标准理论最早见之于他的《宗教社会学论文集》一书。他认为，经济上分化的结果，产生了“阶级”；社会上分化的结果，产生了若干“有地位身分的集团”；而政治上的分化，则产生了若干有实力的“政党”。经济就是指财富，也就是社会成员在经济市场中的生活机遇，就是每个人用其经济收入来换取商品与劳动的能力。所谓社会的分化，实际上就是指社会声望，是指一个人在他所处的社会环境中所获得的声誉与尊敬。所谓政治的分化，实际上指的就是权力，即指一个人，在社会某些关系中，即令遇到反对的情况，也能实现自己的意志。这种社会分层的三标准，体现了韦伯的历史多元相互作用的观点。

（三）社会分层的三种理论

在解释社会结构为什么要分成不同层次的时候，有三种理论企图来回答这个问题：

1. 功能论。以帕森斯为代表的结构功能学派认为：社会是一个整体，分层制度能够帮助支持社会秩序与社会稳定。社会组织在结构上有三个层次，即三个功能系统。它们是技术系统、管理系统和制度系统，这三个功能系统在统一目标下各司其职而又互相联系。这三个系统在一个组织中缺一不可，各有自己不可替代的功能。

2. 需要论。需要论比功能论更进了一步。人们在社会组织中，越是专业化程度高，分工越细，就越适宜表现一个人的才能，而分层就能满足这方面的需求。所谓分层，就是在组织中更有效地设置工作岗位，进行角色分配，训练适当人选，人尽其才，发挥各人的专长。需要论认为分层现象既然在组织中是普遍的，那也就说明是需要的、必然的。这一理论是美国社会学者戴维斯和莫尔提出的，他们认为，如果人们和他们在社会中的地位，在许多主要的方面没有什么不同，社会分层也就没有什么必要了，如果医院只需要医生不需要护士，那么医疗人员也就没有层次了。

3. 天才论。天才论是接受需要论并表示不完全同意需要论而说的。需要论好像是说社会地位越高越需要，越重要，天才论则说，在社会中，事实上非技术工人与技术工人是同等重要的，因为谁也离不开谁。对于每个人说，某些人能身居高位，某些人不得出人头地，是由于人们的各种机会和所受到的待遇不同，因此，天才论者主张天才教育，让真正的才智之士能够负担社会的重任。

四、自　测　题

（一）填空题

1. 社会分化的原因一般是由于______的需要，而分化的生物因素包括______、______、______、______等；社会文化条件包括______，______。

2. 社会的三次大分工是指______、______、______从农业中分离出来。

3. 社会分层的三个标准______、______、______。

4. 解释社会分层的三种理论是：______、______、______。

5. 历史上最使人瞩目的分层形式有______、______和______。

6. 阶级的本质是______。

7. 我国目前的阶级结构是______、______和一个______。

(二) 选择题

1. 提出社会分层三个标准的是哪个社会学家（　）。

A. 迪尔凯姆　　B. 帕森斯

C. 韦伯　　D. 吴文藻

2. 我国消灭剥削阶级采取的政策是（　）

A. 肉体上消灭

B. 财产上全部没收

C. 让其自生自灭

D. 针对不同情况、采取不同政策

(三) 名词解释

社会分化　社会分层　社会阶级

(四) 简答及论述题

1. 社会分化与社会分工的关系。

2. 社会分层的具体标准。

3. 试述马克思主义的阶级理论。

4. 阶级划分与阶层划分的区别及阶层划分的意义。

5. 我国消灭阶级的过程。

五、自测题参考答案

(一) 填空题

1. 社会分工　性别　年龄　种族　智力　国家、民族文化的差异　社会各阶层、阶级和其它集团的区别

2. 畜牧业　手工业　商业

3. 财富　声望　权力

4. 功能论　需要论　天才论

5. 等级制　种姓制　阶级

6. 剥削

7. 工人阶级　农民阶级　个体劳动者阶层

（二）选择题

1.C　　2.D

（三）名词解释

社会阶级：所谓阶级，就是这样一些集团，由于他们在一定社会经济结构中所处地位不同，其中一个集团能够占有另一个集团的劳动。

社会分化、社会分层参见本章重要名词、术语中的 1 和 2。

（四）简答及论述题

1. 社会分化与社会分工的关系。

社会分化是指社会中的个人或群体之间产生的，被社会认可了的区别。

从人类历史的发展来看，社会分工造成了社会的大分化。历史上三次大分工，使畜牧业、手工业、商业从农业中分化出来，三次大分工，促进了生产力的发展，又形成了不同的阶级；因而一般说来社会分工引起社会分化，社会分工越精细，社会分化就越复杂；但我们也要看到社会分化并不一定都是由社会分工造成的，因为同一职业内部也有分化。

2. 社会分层的具体标准。

社会分层是社会在结构上形成的上下不同而具有一定联结和关系的若干层次，社会分层的标准是多元的，德国社会学家韦伯提出了社会分层的三个标准，财富即指社会成员在经济市场中的生活机遇，声望即指在社会环境中所获得的声誉与尊敬；权力即指处于社会关系中的行动者，实现自已意志的可能性，这三个标准既互相联系，相辅相成，也可在不同情况下作独立考虑。另外在社会分层的研究中，常见的还有职业的评价，这对社会分层也有一定的代表性。

3. 试述马克思主义的阶级理论。

马克思主义认为，阶级的产生是由于社会剩余产品的出现和生产资料私人占有制的建立而出现的。阶级的存在仅仅同生产发展的一定历史阶段相联系，原始社会末期，由于生产力的发展，出现了剩余产品，这是社会分裂为不同阶级的一个重要条件。剩余产品的出现就导致了生产资料的私人占有，生产资料的私人占有导致了剥削阶级与被剥削阶级的出现。

马克思主义揭示了阶级的本质就是剥削。列宁指出，所谓阶级，就是这样一些集团，由于它们在一定的社会经济结构中所处的地位不同，它们对生产资料的关系不同。在社会劳动组织中所起的作用不同，因而领得自己所支配的那份社会财富的方式和多少也不同。由于以上不同，其中一个集团占有另一个集团的劳动，阶级的本质是剥削，阶级必然随着私有制的消灭而消灭。

4. 阶级划分与阶层划分的区别及阶层划分的意义。

阶级划分是依据人们在经济结构中所处的地位，而阶层划分是在阶级划分的基础上，并且包括人们社会地位的高低、政治权力的大小和其他社会因素。因此阶级划分是阶级社会中最基本的社会分层，是其它一切社会分层的前提与基础。阶层划分帮助我们深入、具体地揭示社会的纵向结构。第一，阶级划分对于基本阶级之外的社会阶层没有揭示，第二，阶级划分揭示了阶级间的根本差别；但没有反映同一阶级内部人们之间的差别。阶层划分从理论上讲，是阶级划分的深化，从实践上看能够帮助我们制定具体的路线、方针、政策、从而指导我们在实际工作中获得成功。

5. 我国消灭剥削阶级的过程。

我国剥削阶级的消灭共经历了三个不同的阶段：

第一阶段，对官僚买办资产阶级，采取了对官僚资本没收的办法，消灭官僚资产阶级。

第二阶段，对封建地主阶级，通过土地改革运动，没收其土地和其他生产资料，分给广大农民，除部分地区外，1952 年地主阶级也被消灭。

第三阶段，对于民族资产阶级，对其资本采取了赎买政策，并对资本主义工商业进行了社会主义改革，1956 年，民族资产阶级也被消灭。

到 1956 年通过没收、土地改革、赎买改造的办法，作为剥削阶级的阶级已经被消灭，但阶级斗争在一定范围内还存在。

第九章　社会制度

一、教学目的和要求

通过本章学习学员要分清三个层次的社会制度的涵义，重点掌握社会学所使用的该概念的涵义，了解社会制度的基本特征，明确为什么说家庭制度、经济制度是本原的社会制度。要重点掌握社会制度的四个构成要素及其意义，社会制度的功能，以认识社会制度的重要性及其变动的必然性，了解制度化的涵义及其与制度建设的关系，结合我国的经济体制改革认识制度变迁是一个复杂的过程。

二、重要名词、术语

1. 社会制度　有宏观、中观和微观之分，宏观的社会制度指一个国家的总的社会经济制度，中观的社会制度指重要的社会生活领域中的社会关系及行为规则系统，微观的社会制度指具体的办事规则。社会学研究社会制度着眼于中观尺度，认为社会制度是为了满足人类的社会需要，在一定的历史和现实条件下形成的社会关系及与此相联系的社会活动的规范体系。

2. 本原的社会制度　是指人类社会形成初期就存在的、人类生存所依赖的最基本的社会制度，包括经济制度和家庭制度。

3. 派生的社会制度　是指在本原的社会制度的基础上分化和形成的社会制度。它是人类的需要和满足需要的手段不断发展而形成的新的社会制度，主要包括政治制度、宗教制度和教育制度等。

4. 概念系统 是说明某社会制度存在的根据和理由的一套理论，它包括与该制度有关的社会学说、社会思想和社会价值观。

5. 规则系统 是在一定的活动领域内指导人们行为的规则体系，是用以规定在这个制度笼罩下的人们之间的社会相互关系以及人们各自行为的规范体系。

6. 社会整合 也称社会一体化，是指社会各要素、组成部分相互联系与协调，结合成为一个统一整体的过程及结果。社会整合有许多具体形式，除社会结构整合外，还包括社会制度的整合、社会功能的整合。

7. 马林诺斯基 是英国社会人类学家，人类学功能学派的代表人物。他认为，人们在长期的共同生活中创造了文化，它们表现为各种社会制度。文化的本质是它能满足人的需求。作为社会制度的每一种文化都必然满足人们的某些需求，这也是文化存在的理由。他的功能理论对结构功能主义影响很大。

8. 制度化 是人们的行为方式或群体的社会生活从不固定到比较固定，从变动不居到模式化、定型化的过程。制度定型化的过程也就是制度建设过程，也是社会制度从不健全到健全的过程。

9. 制度化逃避 是指当某些社会行为规范不相协调以致相互冲突时，人们利用一种社会制度所允许的行为规范来对抗另一种规范以逃避可能遭到的制裁的现象。即当某种行为在用一套行为规范衡量可能会被制裁时，行为者利用另一套行为规范作为挡箭牌，保护自己的行为。由于后一种行为规范也是社会制度所认可的，所以这种现象称为制度化逃避。制度化逃避常常发生于社会发生变动，新旧制度和规则相互交织的情况下。

三、重要理论和难点

(一) 怎样理解社会制度的涵义

社会制度是本章的中心概念，在现实生活中有三种不同层次的社会制度，那么，当我们把社会制度界定为“为了满足人类的社会需要，在一定的历史和现实条件下形成的社会关系及与此相联的社会活动的规范体系”之后，它与上述三个层次的社会制度是什么关系呢?

如前所述，在社会学中所使用的社会制度是从中观层次上着眼的。由于中观层次的社会制度是由许多具体的行为规范组成的，因此，它就与微观层次上的社会制度有了密切的联系。比如教育制度，它是由许多与教育相关联的活动组成的，每一个活动中都有指导人们活动的规则，如招生制度，考勤制度，考试制度等。这些具体的办事制度积累、整合成为一种教育制度。中观层次的社会制度与宏观的社会制度也有类似的关系。按照马克思的见解，社会是由人们的交往形成的关系体系。人们之间的交往是在一定的活动领域中进行的，马克思把人们的活动领域分为经济生活、政治生活、社会生活和精神生活。在每种活动领域指导人们交往、活动的规范体系的总和即是此一领域的社会制度，也就是中观层次的社会制度。各活动领域的社会制度整合起来就是一个国家或地区的总体社会制度，即社会经济形态意义上的社会制度。由此看来，三个层次的社会制度是相通的。

另外，社会制度包括社会关系体系和社会行为规则系统。认真一点说，社会关系体系是包含于社会行为规则系统之内的，因为社会关系表现为一套行为规则。但是，社会行为规则并不仅限于社会关系或人们之间的交往关系。这是因为人们的行为有时是只涉及人与自然的关系的，人们的行为规则主要不是受制于人们之间的交往关系，而是更多地受自然条件的制约。比如春种、夏管、秋收、冬藏构成农民制度化的生产活动，也就是农耕制度。而农民之所以按此模式活动，是由农作物的生长规律和自然条件所决定的。

（二）社会制度的分类

社会制度与人类重要的活动领域相对应，即人类从事怎样的社会活动，就会形成怎样的社会制度。我们曾经指出社会制度主要包括经济制度、家庭制度、政治制度、宗教制度和教育制度，并把它们分为本原的社会制度和派生的社会制度。实际上它们之间的划分并不那么截然。比如宗教制度也是存在比较早的，象原始宗教，教育制度也与原来的家庭教育有关。既然任何社会制度都是逐渐建立起来的。因此，不应把派生的社会制度理解为后来才出现的，而应理解为相对于经济制度、家庭制度来说，它们是逐渐分化出来并形成体系的。

同时，新的社会制度在不断的形成。例如科学也开始被认为是一种制度，军事制度也是如此。

（三）社会制度的构成要素

社会制度是一个系统，它是由各种不同的要素组成的综合体。社会制度的构成要素包括以下四个方面：

概念系统，它是说明该社会制度存在的理由，及它所起的作用的一套理论。这些理论支持和维护该社会制度的存在。它包括社会学说、社会理论、社会价值观等。

规则系统是一整套用来指导人们行为的规则。作为人们以往活动经验的结晶，它指出在既定情况下人们该如何行动以保证更有效地达致自己的目标。

组织系统是检查和推动社会制度运行的机构和组织体系，它是社会制度的实体。组织系统是该社会制度目标和任务的载体，是该社会制度所包含的规则的实践者。组织系统是一个功能系统，是依照行为规则系统实现目标的有组织的人们的行为系统。它包括各类相关组织和机构、组织领导及具体工作人员。

设备系统是该社会制度正常运行所依赖的物质资源。它既包括实用的设备，如从事工业生产的厂房、工具和资金，也包括象征性的设备，即有助于人们顺利活动的符号，如校徽、商标、旗帜等，它们是该制度的代表性符号。

社会制度的四个要素相互联系、相互支持，形成一个现实的功能系统。在这四个要素中，概念系统、规则系统是社会制度的“灵魂”，组织系统、设备系统是其“驱体”。

（四）社会制度的功能

社会制度满足着人们的多方面的需要，发挥着重要的功能。具体说来，社会制度的功能包括如下几个方面。

1. 满足人类社会生活的需要。社会制度是人类在长期的生产和生活中逐渐积累形成的。作为人类生活经验的结晶，它的基本价值是有用，即能够指导人们最有效地去实现既定的目标。如果某一套行为规范体系不再能发挥这种功能，它就会被淘汰。满足人类社会生活的需要是社会制度的最本质的特点。

2. 提供社会化和社会选择机制。既然社会制度是人们生活经验的结晶，那么，当新的社会成员要参加社会生活并期望成功时就必须学习以往的经验，实践有效的行为规则，这就是社会化的过程。社会角色和社会规范都是由社会制度确定的。人们只有按社会制度办事，才能达到社会化的目的，才会成功。另外，社会的有秩序的变化是靠社会制度来进行的，社会制度对社会成员的有秩序的流动起着指导和筛选作用。

3. 对社会起整合作用。在长期的社会生活中积淀而成的社会制度是一个内部结构合理的系统。靠着这个系统，社会各部分相互协调，从而实现整合。人们如果按照社会制度规定的规范体系行事，社会就有序；反之，社会在结构上就会陷入混乱。

4. 传递社会文化，促进社会发展。文化是历史的积淀，它是通过不断继承、总结、改造、创新和积累而形成的。从本质意义上来讲，社会制度也是社会文化，是经过人们筛选保留下来的文化。因此，文化是在社会制度中保存的，也是在人们实践社会制度的过程中传播的。正是优秀文化的传播，人类社会才会持续发展而不会中断。

当然，社会制度的功能并不总是积极的。当社会制度所包含的价值观念、行为规则已落后于现实社会和人们的需要时，它就对社会成员合理需要的满足和社会发展起阻碍作用。在这种情况下，人们的任务就是进行制度改革。

（五）关于制度改革

社会制度的改革是在不根本废止原有制度、改革其不合时宜的部分、完善社会制度，以使它发挥正常功能的过程。制度改革与制度建设既有相同之处，又有差异。相同之处在于二者都是完善社会制度，但制度建设是指社会制度从不完备到完备的过程，制度改革则是使社会制度从不适应到适应的过程。制度建设面对的是制度的不完备，制度改革面对的是原有制度的过时。

社会制度同体制是涵义十分相近的两个概念。二者指的都是在某一社会领域起作用的社会关系及行为规范系统。我们所说的经济体制改革从社会学意义上，用社会学的术语来说也就是经济制度的改革。经济体制改革涉及到发展经济的指导思想的改变、经济运行规则的变化，这些都是社会制度变迁的主要内容，即社会制度体系中概念系统、规则系统的变化。由此，我们在本章内分析了我国的经济体制改革。

四、自 测 题

（一）填空题

1. 社会制度的基本特征______、______、______、______。

2. 本原的社会制度包括______和______。

3. 派生的社会制度包括______、______和______。

4. 社 会 制 度 的 构 成 要 素：______、______、______、

______。

5. 制度的设备系统包括______和______。

6. 制度建设与______是一个事物的两个方面，应同步进行。

（二）选择题

1. 整合作用是指（　）

A. 一个社会的整体作用　　B. 将各部分合在一起

C. 各部分协调成为一个整体　　D. 一个社会的稳定

2. 有人借改革，假公济私，有所谓“你有政策，我有对策”，这种现象我们称之为（　）

A. 制度化优先　　B. 制度化冲突

C. 制度化逃避　　D. 制度化建设

（三）名词解释

社会制度　本原的社会制度　派生的社会制度　制度化优先

（四）简答及论述题

1. 社会制度的基本涵义。

2. 社会制度的构成要素。

3. 社会制度的功能。

五、自测题参考答案

（一）填空题

1. 普遍性　变异性　相对稳定性　阶级性

2. 家庭制度　经济制度

3. 政治制度　宗教制度　教育制度

4. 概念系统　规则系统　组织系统　设备系统

5. 实用性设备　象征性设备

6. 制度改革

（二）选择题

1.C　　2.C

（三）名词解释

制度化优先：是指当社会中有几种社会规范发生冲突时，有一种比较定规的社会规范占优先地位，这种现象称为制度化优先。

其余名词请参见本章重要名词、术语解释。

（四）简答及论述题

1. 社会制度的基本涵义。

所谓社会制度是指为了满足人类社会需要，在一定历史和现实条件下形成的社会关系以及与此关系相联系的社会活动的规范体系。其涵义有三：第一种，是指社会形态或体系意义上的制度，是对制度大尺度的宏观观察，常用来区别人类社会的不同发展阶段，如社会主义制度、资本主义制度等；第二种，是一个社会中的具体制度，它以具体的组织机构、制度设施作为自己的实体，常用来分析不同的社会关系和在研究不同的社会生活领域里的问题时使用，如经济制度、政治制度。第三种，是指各种社会组织群体中的规章制度，用来规定人们的行为模式和办事程序，如考勤制度、奖惩制度等。社会学主要是在中等层次上来使用社会制度这一概念的。

2. 社会制度的构成要素参见本章的重要理论和难点中的（三）。

3. 社会制度的功能见本章的重要理论和难点中的（四）。

第十章　社会控制

一、教学目的和要求

通过本章学习，学员要重点掌握社会控制的功能，认识习俗、法律、道德、社会舆论的社会控制作用，并结合社会实际说明它们的地位。通过学习，学员应对越轨行为有正确理解，对社会学关于越轨行为的解释应能切实掌握。重点掌握社会失范论和手段——目标论。在此基础上，要求学员能结合理论分析我国实行改革以来所出现的、一定范围内的社会无序现象。

二、重要名词、术语

1. 社会控制　是运用社会力量对人们的行为进行制约和限制，使之与既定的社会规范保持一致的过程。狭义的社会控制是指对越轨行为的约束。

2. 内在控制　是人们的自我控制，是他在社会化的基础上，通过内化了的社会价值约束自己的行为以避免发生冲击社会规范的行为过程。它是最有效的社会控制方式之一。

3. 社会秩序　是指社会有机体的各组成部分在结构关系上相对稳定和有序，在变动中相互协调和平衡的状态。前者是社会的静态有序，后者是社会的动态有序。

4. 正式控制　是社会或组织用比较成型的、以文字形式表达的社会行为规范来约束人们行为，以维持正常秩序的社会控制方式。

5. 习俗 它是人们在长期的共同生产、生活中经过选择而积累起来、并共同遵守的风俗和习惯。它们是人类生产、生活朴素经验的表现，对人们的行为具有指导作用。

6. 社会舆论 也称公意，是社会上众人以言论形式表现的对于某一事件或现象的大致相同的看法，是公众对于此一事件或现象的是或非的评价。社会舆论能在一定程度上影响人的行为，发挥社会控制作用。

7. 群体意识 是基于个人对群体的认同和归属而形成的成员对群体的责任感，它是群体成员为了维护群体利益、实现群体目标自己应该怎样做的考虑，具体表现为群体成员为了群体利益而采取的积极主动的努力。

8. 越轨行为 也称违规行为，它是个体或群体违反其所应遵守的社会行为规范的行为。越轨行为是针对具体条件下的既定的社会行为规范而言的，它是对社会或群体所期望的角色行为的偏离。

9. 社会失范 是社会在发生剧烈变化时，原有的社会行为规范失效，新的社会行为规范又没有建立起来，从而使得社会成员茫然不知所措而出现的反常现象。关于社会失范发生原因和引起后果的理论称社会失范论，由法国社会学家迪尔凯姆提出的。

10. 迪尔凯姆（1858～1917） 法国社会学家，社会学学科奠基人之一。他是第一个明确提出社会学的具体研究范围和特定的研究方法并将其理论和方法付诸实践的社会学家。除此之外，他关于社会由传统的“机械团结”社会向近代的“有机团结”社会转化的观点，关于社会失范造成社会混乱导致一些人自杀的观点在社会学界有重要地位和影响。

11. 社会解组 是社会各组成部分之间联系微弱或不协调，社会行为规范对社会成员失去的约束，从而社会的组织程度低，乃至处于无组织状态的现象。它是与社会整合相对应的概念。社会解组有程度的分别，严重的社会解组会导致社会解体，即某一社会不复存在。

12. 默顿 是美国当代社会学家，是结构功能主义的代表人物之一。他把社会看作是由各个部分组成的结构系统，各部分之间依某种相对稳定的形式结成一定关系，这些关系表现为功能并对社会现象有决定性影响。他提倡中层理论，从而在抽象理论和经验研究之间建立起桥梁。他运用反功能和功能替代的观点对科层制进行研究，通过对社会的结构分析探究社会失范与反常行为发生的原因，这些在社会学界都有重要影响。

13. 亚文化群体 是指由社会地位、职业特点、居住地区、风俗及宗教渊源等社会因素结合而成，具有一定功能，但又与主体社会所享有的文化有显著差异的群体。如社会中的不良青少年团伙、城市中的进城农民群体、“文化革命”中上山下乡的知识青年群体，相对于其所处的社会、社区环境都是亚文化群体。

14. 犯罪 是触犯了国家法律，对社会造成严重危害，应该受到法律制裁的行为。它是最严重的越轨行为。

三、重要理论和难点

（一）怎样理解社会控制

社会控制是本章的核心概念。在现实社会生活中社会控制是多义的。广义的社会控制是指对一切社会行为的控制，或者说社会控制适用于人们的一切活动领域。狭义的社会控制则指对越轨行为的控制，是对社会所不希望的行为的控制。从这个角度来说，社会控制有其价值取向，它对于维持正常秩序来说是积极的。在实际应用中有几种与上述概念貌似相近，但意义却不相同的概念和提法。比如，随着控制论的广为传播，有人提出社会控制论的概念。实际上，社会控制论是将控制论的原理应用于社会管理，是关于社会的控制论，与我们所讲的社会控制不但在词语结构上不同，在内容上也大有差别。

另外，有人认为控制这一概念有某人被握于他人手中，玩于掌上，因而不能自主的涵义，因此主张不用社会控制，而采用社会制约的概念，比如我国著名社会学家吴文藻先生就是如此。然而由于社会学界已约定俗成，社会控制这一概念还是被广泛运用了。如果我们认识到社会控制是动用社会的力量对某种不合期望的行为进行约束，上述问题就可以解决了。

总之，我们应该把握社会控制的社会涵义，它是与人的生物性控制以及基于所谓人性的先天性控制不同的概念。

（二）社会控制的意义

社会控制是与社会行为规范、社会秩序密切关联的概念。社会控制的对象是违反社会行为规范的行为，目的是维持正常的社会秩序。

应该指出，社会控制有维持社会秩序、保证人们的正常生活和促进社会发展的功能，这是在最一般的意义上而言的。就正常情况来说，人们总希望社会有秩序，而不希望乱作一团或生活于提心吊胆的状态之中。社会学的创始人孔德从秩序与进步的原则出发提出他的社会学构想，说明社会学十分重视社会秩序。从某种意义上可以说，没有一定的社会秩序就不可能有正常的社会生活，也谈不上社会进步和社会发展。

在社会控制问题上，人们常提起个人自由问题。有人认为社会控制与个人自由是相对的。实际上，只有当个人要求的是不需要任何社会约束的生物性自由时，社会控制才同它截然相对。如果一个人内化了社会价值、社会化是成功的，那么他就获得了社会性自由。这时，社会控制就与个人自由相一致了。

还有，人们常会提起社会控制的价值问题，即它是否总是具有积极意义。解决这个问题需要看社会进步的方向和个人成长所需要的环境条件，要具体情况具体分析。如果某种社会制度、社会行为规范力图挽救某一社会于必然灭亡，或者它们已经过时，那么社会控制的作用无疑是消极的。正因为如此，我们在谈到社会控制的功能时是就一般情况而言的。

在谈到社会控制可能产生消极后果时，我们使用了社会安全阀这一概念。社会安全阀原是冲突论社会学家科瑟用来表示冲突有积极作用的概念。我们在使用时把它引申了，是指社会应有一种机制，可以避免因社会在封闭状态下的强控制可能造成的矛盾激化和矛盾总爆发给社会带来的巨大震荡，这种机制称为社会安全阀。

（三）道德的社会控制作用

道德是社会或群体对其成员的思想和行为进行是与非、善与恶、正义与非正义之类评价的标准。道德由道德原则、道德规范和道德后果三部分构成。道德原则是如何处理个人与社会之间的原则，比如是个人主义还是集体主义。道德规范是以道德范畴为基础形成的一系列有关行为善恶的准则。道德范畴主要包括义务和良心、荣誉和幸福两对范畴。义务是同使命相联的，是社会对角色的要求，具有利他性，良心则对自己的义务行为起调节、监督作用。荣誉是社会对义务行为的奖励，幸福则是个人对社会给予荣誉的体验。道德后果包括道德评价和道德责任，前者为后者服务。道德评价可以使个人对自己的行为有正确认识，并对自己的行为负责。

一个人的道德感、道德意识，实际上是社会或群体价值在他身上的内化。如果一个人有道德感，那么当他做了不利于社会或群体的事之后就会内心焦虑不安，就会受到良心的谴责。做了有利于社会或群体的事，内心就舒畅。道德就是靠这种机制来指导和控制人们的行为的。道德基本上属于内在控制方式，即通过人们的良心发现起作用。道德的社会控制作用在于一个人要有道德意识、道德感。这就需要社会进行道德教育、褒善贬恶，并形成道德压力。

关于这一部分内容教材上讲得较通俗，没有介绍道德的结构。学员在学习时可以根据自己的情况掌握上面所讲的内容：对道德的详细结构我们不做太多要求，但要掌握道德发挥控制作用的机制。

(四) 宗教的社会控制作用

宗教是一种和神或神圣物相联系的信仰和规范体系。它是在生产力和科学水平极低的情况下产生的。由于人们对某些自然现象、社会现象不可摆脱又难以解释，所以只能作超现实、超自然的解释，于是造出了神并对之信仰。

宗教是一种复杂的社会现象，在人类生活中的作用也比较复杂。原始宗教是与人们的生产、生活联在一体的。到了阶级社会，统治阶级利用宗教对人民进行控制。正如列宁所说，宗教是麻醉人民的鸦片，是精神上的劣质酒。实际上历史上的许多统治者也信仰宗教。例如我国南朝梁武帝萧衍几度信佛出家，一时宗教气氛遍于国中。如唐朝诗人杜牧在《江南春绝句》中描述："千里莺啼绿映红，水村山郭酒旗风。南朝四百八十寺，多少楼台烟雨中。"此外，宗教也被用来组织人民，我国历史上黄巾起义、太平天国运动都依靠了宗教的力量。

在现代社会中，宗教的作用更加复杂。因为愚昧信仰宗教者有之，看破红尘逃避现实者有之，但也有高级知识分子信仰宗教者。在后者那里，宗教活动成为其生活方式的一部分，甚至参加宗教活动成为他社会交往的一种方式。

然而上述这些并不能否定宗教具有强烈的社会控制作用，而只能说宗教的社会作用相当复杂。特别是在现代条件下，要对宗教现象作具体分析。

(五) 对越轨行为的评价

越轨行为也称违规行为，它是个体或群体违反其所应遵守的社会行为规范的行为。在一定的社会条件下，社会行为规范常常是确定的，它指导着人们的行为，使其规范化，从而保障人们正常交往、协调生活。在这种情况下，任何偏离既定规则的越轨行为都会在一定程度上带来社会交往、社会秩序的紊乱，因为它打破了既存的协调局面。特别是严重冲击正常社会秩序的负向越轨，其消极作用是明显可见的。

然而，越轨行为也可能具有正功能，即发挥积极作用。比如，当已有的社会行为规范已变得陈旧、不符合社会及其成员进步的要求时，冲破旧规范、建立新规范就是积极的举动，正向越轨即属此类。另外，有人指出越轨行为和对越轨的调治可以增强社会免疫力。实际上，在评价越轨行为时，首先要判断它所违反的社会行为规范的性质。

（六）越轨行为的判断标准

根据对越轨行为的界定，我们必须把应该遵守的群体或社会的规范作为判定越轨行为的标准。同时，又应指出越轨行为的判断与文化类型有关，在一种文化中被认为是越轨行为，在另一种文化中则被认为是正常。这里可能会产生一种疑问：既然对一种行为，两种文化群体有不同的评价，那么它到底算不算越轨行为？比如，一个农民进城随地吐痰，这在农村算不了什么，而在城市则被罚款。那么怎么评价这个农民的行为呢？我们说，要看在什么具体情况下评判此行为。如果他吐痰时被值勤人员发现，违章罚款是必然的，因为在此时此地，他必须遵守一般公民在城市中的行为规则，而不管他是否是进城农民。所以我们说判断越轨行为的标准是在具体时间、具体地点、具体情境下行为者应该遵守的行为规范。

（七）标签论怎样解释越轨现象

标签论也称标定论，它认为许多越轨行为是社会上的某些人或群体对某一行为下定义、贴标签的结果。某些行为原来无所谓越轨、不越轨，但当社会上有地位的人或群体认定他是越轨并给它戴上越轨的“帽子”（“贴标签”）之后，这种行为就成为越轨行为了。而且，一旦某一行为被贴上越轨的标签，行为者也往往被赋予越轨者的身分，社会就会以此种身分对待他，这是容易造成他再次越轨甚至是更加严重的越轨。标签论认为，常常是社会地位高者给社会地位低者加标签。因此，标签论实际上反对乱加标签，它认为乱加标签是不平等、不公正的，并可能造成真正的社会恶果。

四、自　测　题

(一) 填空题

1. 社会控制作为社会学的一个专业概念，最早是由美国社会学家______提出来的。______年他出版了名为《社会控制》的论文集。

2. 社会控制以是否靠强力来维持分为______与______，以控制所用规则的规范程度可分为______与______，以控制力量的来源可分为______和______。

3. 社会控制的目的是使人们遵从______。

4. 道德是靠人们的______、______来促使人们自觉遵守社会的行为规范的。

5. 宗教既靠______约束教徒的运动，也靠____________来控制教徒的行为。

6. 社会舆论的控制与约束作用是靠______来实现的。

7. 社会舆论的基本特点有：______、______、____________。

8. 越轨行为是对既定的______的违反，是______对象。

9. 判定越轨行为的标准是具体时间、______、______下行为者应该遵守的行为规范。

10. 社会失范论从______失调，人们失去可以遵循的行为规范的角度解释越轨行为。

11. 亚文化群体论用亚文化群体享有______、____________规范来解释越轨。

12. 标签论认为越轨不在于行为本身，而是____________的结果。

13. 默顿认为越轨行为是由于社会为人们提出的目标与达成的目的____________不配套造成的。

14. 犯罪预防的措施有：______、____________。

(二) 选择题

1. 提出社会失范论的是（ ）

A. 罗斯　　B. 默顿

C. 迪尔凯姆　　D. 韦伯

2. 手段——目标论认为人们的五种行为方式中，“只认同文化目标，但不遵从制度化手段，此为（ ）

A. 逃避行为　　B. 形式主义

C. 创新　　D. 反叛

3. 手段——目标论认为人们的行为方式中，“放弃文化目标，但遵从制度化手段。”此是（ ）

A. 逃避行为　　B. 形式主义

C. 遵从　　D. 反叛

4. 把越轨行为的原因归结为社会结构各部分间的不整合、不一致，是哪一种越轨行为的理论。（ ）

A. 社会失范论　　B. 标签论

C. 亚文化群体论　　D. 弗洛伊德的人格理论

5. 通过表彰模范行为来弘扬正气的社会控制属于哪种类型。（ ）

A. 消极的控制　　B. 外在控制

C. 积极的控制　　D. 非正式控制

(三) 名词解释

社会控制　社会秩序　社会舆论　群体意识　越轨行为

(四) 简答及论述题

1. 社会控制的功能。

2. 道德的社会控制作用。

3. 习俗与道德、道德与法律的区别。

4. 社会舆论的社会控制作用。

5. 判断越轨行为的标准。

6. 试述社会失范论。

7. 手段——目标论。

五、自测题参考答案

(一) 填空题

1. 罗斯　1901

2. 统治　制约　正式控制　非正式控制　外在控制　内在控制

3. 社会行为规范

4. 内心信念　社会舆论

5. 内在控制　外在力量

6. 环境压力

7. 现实性强　集体的产物　大众传播

8. 社会行为规范　社会控制的

9. 具体地点　具体情境

10. 社会结构

11. 亚文化　亚价值

12. 社会反应他人定义（加标签）

13. 不统一

14. 教育　建立健全法律体系

(二) 选择题

1.C　2.C　3.B　4.A　5.C

(三) 名词解释

所有的名词均见本章重要名词、术语。

（四）简答及论述题

1. 社会控制的功能。

社会控制是运用社会力量对人们的行动实行制约和限制，使之与既定的社会规范保持一致的过程。

功能①维持社会秩序，保持社会正常运行。秩序是社会存在和发展的基本前提，为保持社会安定，统治阶级或社会利益的代表力量就要对越轨行为进行控制。

②维持正常生活。为了维持正常的生活秩序，就要动用社会控制手段对破坏生活秩序者予以约束以至制裁，缺乏这种控制会影响社会秩序的安定。

③促进社会发展。没有社会稳定和社会秩序，社会就不能顺利发展。社会的正常发展，生活质量的提高是在社会秩序的基础上实现的。社会在运行过程中的有序是依靠社会控制来达到和保障的。

④社会控制的反功能：不合理的社会控制不能维护大多数人的利益。另外，僵硬而有力的社会控制不利于人们对合理目标的追求。社会控制所维护的社会规范体系是在一定条件下建立的，而创新行为、改革则以原规范的破坏为前提，僵硬的社会控制所起的作用是维持原体系，阻止创新的行为。僵硬的社会控制常常会积累矛盾，酿成更严重的社会冲突，冲击社会的正常秩序。

所以在发挥社会控制积极功能的同时，要注意它的反功能。

2. 道德的社会控制作用。

①道德是以善恶评价为中心的行为规范的总和。它是对人的思想和行为的是非、善恶、正义和非正义、正当与不正当进行评价的标准。它包含了对一个人的人格进行优劣评价的因素。

②道德靠人们的内心信念、社会舆论来促使人们自觉遵守社会的行为规范。道德行为受到社会赞扬，不道德行为则会受到社会的谴责,使行为者在思想上、心理上受到压力。因此，道德对人的行为是有明显的指导意义，同时也对违反道德的行为具有控制

作用。

任何社会都十分重视道德的社会控制作用，但道德的约束作用也有限，因为道德具有阶级性、集团性。在社会价值观念发生重大变化的时期，道德的控制力受到挑战。

3. 习俗与道德、道德与法律的区别。

习俗、道德、法律都是社会控制的工具，都是调整人们行为关系的，但它们各自所起的作用却有很大区别：

习俗与道德相比，区别在两点上。

第一点，约束力不同。道德的内容较为严肃，具有较大的约束力，而习俗的约束力就相对差些。不从俗是常有的事，不太引人关注，而不道德的行为则要受到社会舆论的强烈遣责。

第二点，义务感不同。大家按习俗办事，不管谁都要顺从习俗，所谓“入乡随俗”就是这个意思；而道德则不然，它不但有种顺从的心理，而且还有一种发自内心的义务感。

道德与法律相比，也有很大区别：

道德与法律在产生的时间、形成的方式上都有不同。道德产生的时间早于法律，并且贯穿人类社会的始终，是自发形成的，而法律在人类社会中不是永恒的。具体说来区别在于：

第一，二者作用的范围不同。道德比法律作用的范围要广泛得多，不道德行为不一定是违法行为，而法律只干涉破坏它所维护的社会秩序，触犯法律的那些行为，违法行为一定是违反道德的行为。

第二，二者被支持的力量不同。法律是靠强制的力量来支持的，而道德是靠社会舆论的力量来支持的。

第三，二者作用的性质和控制的强度不同。法律的作用主要表现为对人们一定行为的限制和禁止，违法者就要被处罚，甚至剥夺生命；而道德则表现为对人们行为的示范和劝阻，违反道德的人仅受到社会舆论的攻击。

4. 社会舆论的社会控制作用。

①社会舆论也称公意，是社会上众人关于某一事件或现象是非曲直之评价。因此，它对少数人的言行具有一定的指导、约束及社会控制作用。

②其内在机制是：社会舆论作为一种评价性意见，会对少数人的、与众人意见不同的言行产生环境压力，少数人为了缓解这种压力，不自外于众人，会改变或放弃原来的言行，与众人保持一定程度的一致。

③社会舆论可产生两种控制效果。当它代表社会正义是一种正确意见，它有积极的社会控制作用。但是，社会舆论未必总能对社会现象给以正确评价，特别是对于新生事物，革新者畏于人言，就可能改变自己的做法，这时它的控制作用就属于消极的。

5. 判断越轨行为的标准见本章重要理论和难点中的（六）。

6. 试述社会失范论。

社会失范是指社会失去行为规范而出现的反常状态，它是法国社会学家迪尔凯姆提出的。迪尔凯姆认为，社会的正常状态是社会各部分相互协调处于整合状态。在这种情况下，人们在社会规范的指导和约束下互相适应，正常生活。然而在社会迅速变动的时代，当文化价值，社会结构以不同的速率转变时，原来的某些指导和约束人的行动的社会行为规范就会失效。在这种情况下，人们就会手足无措，处于无所遵循的迷茫状态，从而作出各种越轨行为。

7. 手段——目标论。

美国的社会学家默顿在迪尔凯姆提出的社会失范论的基础上，提出了“手段——目标论”。他认为越轨行为是由于社会为人们提出的目标（文化目标）与达成目的的合法手段（制度化手段）不配套，不统一造成的。他认为社会作为一个文化体系为每个社会成员都规定了目标，但是社会在结构的安排上并没有为每一个人提供达到上述目标的合法手段，即社会结构的特征并不一定能为每一个成员都提供条件，达成目标。这样按照社会的价值标准，创新、形式主义、逃避、反叛都对社会的要求发生一定的偏离，属于越轨行为。

举出现实中的例子进行解释：要求所举例子与理论相符；指出所举例中哪些现象与理论要点相吻合；怎样才能避免失范或手段——目标失调。

第十一章 社会问题

一、教学目的和要求

通过学习重点掌握社会问题的涵义及成因，了解在认定社会问题方面的两种观点。了解社会问题产生的一般原因，认识社会问题与社会发展的辩证关系。重点掌握人口问题的实质，我国人口问题的成因及状况，人口问题对我国社会经济发展的影响。重点掌握就业与失业的涵义，正确认识我国在就业方面所承受的压力，以及在体制改革条件下可能产生的失业现象和它可能造成的影响。了解贫穷的类型及成因，了解我国在反贫穷方面作出的努力和成就，对我国反贫穷战略有正确的认识。

二、重要名词、术语

1. 社会问题 是由于人与环境的关系或人与人之间的社会关系失调，影响了广大社会成员的正常生活和社会进步，需要运用社会力量加以解决的问题。

2. 环境问题 是由于人类与其生存环境关系失调而造成的社会问题。环境问题包括原生环境问题和次生环境问题。原生环境问题是自然界本身存在的因素对人类生存带来的不利影响以致威胁，次生环境问题是被人改变了的自然环境反过来对人类造成的严重威胁。当今，人类关注更多的是次生环境问题，即人类的活动带给自己生存的影响。

3. 社会失调 即构成社会的各基本要素、各组成部分之间的关系失去平衡、社会无法发挥其正常功能的状态。社会失调主要包括社会关系的失调和社会结构的失调。

4. 社会资源 是对社会的正常运行和发展有积极作用的各种要素及力量。它既包括社会中的人力资源、物力资源，也包括社会力量以及可以用来推动社会发展的各种要素。

5. 人口 是构成社会生活主体并具有一定数量和质量的人组成的总体。在这里，人既是社会财富的创造者，也是社会资源的消费者。

6. 人口自然增长率 是在给定时期内（通常是 1 年）某一人口的出生数与死亡数之差与人口基数的比值，一般用百分数来表示。自然增长率大于零，表明出生数多于死亡数，人口增加。自然增长率越高，人口数量增加越多。

7.《新人口论》 是我国著名经济学家、人口学家马寅初关于我国人口问题的论著，发表于 1957 年。该书的主要观点是：我国人口增长太快，如果这样发展下去，人口会冲破经济，冲破一切，因此必须控制人口。其对策是制定人口政策，宣传晚婚的意义，推广和奖励节育，限制多育等。《新人口论》中的观点曾遭到错误的批判。

8. 人口老龄化 是指某一人口总体中老年人口的比重逐渐提高的过程。人口老龄化与老年型人口是两个既有联系又有区别的概念。老年型人口是指某一人口总体中老年人口的比重达到或超过了某一界限（国际上通行的标准是 65 岁及以上人口的比重达到或超过总人口的 10%，即为老年型人口）的情况。人口老龄化则是指这一过程。

9. 就业 指在劳动年龄内有劳动能力的人从事某种劳动或工作，取得劳动报酬或经营收入以维持生活的活动。广义地说，就业是劳动者同生产资料相结合创造社会价值的活动。

10. 失业 是指有劳动能力的人找不到劳动或工作岗位，无法实现与生产资料的结合，劳动力资源闲置的状态。失业有显性失业与隐性失业之分。显性失业指原来有职业的劳动者失去劳动岗位，处于被解雇状态；隐性失业是劳动者虽然在职，但不能充分发挥其劳动能力的状态。

11. 待业 是我国用来表述在劳动年龄内、有劳动能力的人等待就业所处的状态。待业和失业没有本质区别，但我国在具体工作实践中，由于常常把新增劳动力的从业问题作为待业来讨论，所以待业又与西方社会所存在的失业有所不同。

12. 贫穷 从经济学意义上来讲是由于收入不足而导致的生活匮乏的状态。

13. 贫穷的恶性循环理论 是用经济学的资本形成的供给与需求来解释贫穷问题的理论，其主要观点是“低收入——低投入——低产出——低收入”造成恶性循环。

14. 贫穷文化论 从文化的角度解释贫穷现象的理论，该理论认为穷人之所以长期和世代贫穷，是因为他们拥有特有的贫穷文化。

15. 社会环境剥夺论 这一观点认为，在一定的社会生态环境中，当某一国家或群体处于劣势而陷入贫穷之后，竞争会使其处于更不利的地位，周围环境对他的剥夺会使它们继续陷入贫穷。

三、重要理论和难点

（一）什么是社会问题

在本节我们给出了社会问题的概念，指出它是由于人与环境的关系失调或社会关系失调，影响了广大社会成员的正常生活和社会进步，需要运用社会力量加以解决的问题。这一关于社会问题的解释中包含着许多模糊的界定。比如，怎样算是广大社会成员？什么是正常生活？这都是难以很具体说定的问题。当然，一个国家、一个城市的大多数成员可以算作是广大社会成员。但是一个工厂、机关中的大多数人则不能算是广大社会成员了。对于一个组织、一个家庭及一个小社区来说，它们的问题也难以称得上是社会问题。可以说，社会组织、社会群体、小社区中的问题都称不上社会问题，只有当某一问题的影响超过众多社会组织和小社区的界限，并被广大社会所关注时才成为社会问题。这里实际上说的是社会问题的影响范围或其广度。

另一方面，某一问题只有当其影响了广大社会成员的正常生活时才成为社会问题。什么是正常的社会生活？我们只能给出一个模糊的界定，因为正常与不正常之间并没有一个明确的界限。首先，我们可以给出一种判断：正常状态是人们所希望或可以接受、社会各构成要素和部分比较协调的状态，不正常就是其反面了。可以说，除了一些突发事件的影响，社会问题的形成都是要经历一个为时不短的过程，这是社会状态由正常向不正常变化的过程，也是人们对正在形成中的社会问题认识的过程。由此我们可以进一步认识到，社会问题既决取于社会状况的恶化程度，也与人们对它的感知有关。

（二）社会问题与社会发展的关系

对于这个问题我们应作出反正两方面的理解。首先，社会问题是人们不希望出现的问题。由于它直接给社会成员的正常生活带来威胁，加大了社会运行成本，所以它实际上阻碍了社会的正常运行和社会进步，不利于社会发展。在这里，我们是把社会问题当作非正常的病态现象来理解的。

然而，实际上，任何一个社会都不可能没有社会问题，其差别只是社会问题的严重程度的问题。从这个意义上来说，有社会问题并不是反常现象。当然如果某种社会问题十分严重，我们也不能视为正常，因为一个社会总不会长期在有严重社会问题的情况下维持正常运行。社会问题的不可避免要求人们应正视社会问题，出现问题后要客观地分析和认真对待，在没有出现问题或问题尚不太严重时预防社会问题的出现或恶化，这就是社会问题的所谓“积极作用”。这就要求我们在理解这个问题时，要注意我们分析问题的角度。

(三) 什么是人口过程

人口过程也叫人口变动过程，是指一个国家或社区的人口在经济、社会、自然等因素的影响下变动、发展的过程。关于人口过程的理论分析主要是概括不同阶段人口特征的变动并分析其成因。在这方面，人口转变论或称人口过渡论较有影响。

人口转变论是依据人口出生率、死亡率和自然增长率等资料，描述人口变动和发展过程中不同阶段的特征，并分析各自成因的理论。其一般观点是，随着经济发展、工业化及社会因素的变化，一个国家或地区的人口大致要经过三个形态的变化，开始是高出生、高死亡、低自然增长，而后是高出生、低死亡、高自然增长，最后是走向低出生、低死亡、低自然增长。在一些人口学家看来，经济上落后的国家的人口大多处于第一种形态，发展中国家多处于由第一种形态向第二种形态的转变状态，一些发达国家的人口已进入第三种形态。根据这种理论，我国的人口已走过高出生、高死亡、低增长阶段，进入高出生、低死亡、高增长阶段，人口增长速度快。

显而易见，上述三种形态只是对人口过程的粗略概括，这就使得每一阶段都有相当长的时间跨度，即使处于同一阶段的国家和地区，其人口特征也会有诸多差异。也就是说，在同一阶段中，它们也可能处于不同的过程点上。这说明人口形态的转变是一个漫长的过程。

(四) 关于就业和失业的界限

在阐述就业的意义时，我们从形式和实质两个角度对它进行了分析。从形式上来看，任何在职、在岗都算作就业。这里的在职、在岗并不管此人是否真正完成此岗位所要求的任务，也未考虑他是否贡献了自己的体力和智力。而失业则是在劳动年龄中，有劳动能力的人能工作但无业可就、无岗可占的情况。这样，从形式上来讲，就业和失业的界限是十分明确的，甚至是非此即彼，一个在劳动年龄中、有劳动能力的人不是就业，就是失业。

为了分析我国的劳动就业，解决我国劳动就业方面存在的问题，我们使用了隐性失业的概念，这是就就业的实质意义而言的。所谓隐性失业也称隐蔽性失业，是指表面上看起来是在业，但实际上却不能实现劳动力与劳动资料相结合，虽然在职但不能充分发挥其劳动能力，从而貌似就业，实际闲置的状况。这样，在充分就业和失业之间就有一个不充分就业的问题。这种被虚假就业现象所掩盖的失业即隐性失业或不充分就业。因此，我们说在就业和失业之间有一个过渡状态。

很明显，从形式上、外部表现上来区分就业和失业是比较容易的，比如看一个人是否在岗、在册。但从实质上来区分就业和失业就比较困难。当然，显性失业是较容易认定的，但隐性失业则难以认定。所以隐性失业或不充分就业一般是在分析问题时使用的概念，是在解决劳动就业，旨在提高生产效率时使用的概念，而不是在讨论社会保障、救济等问题时使用的概念。

（五）关于失业现象的社会评价

失业特别是显性失业其直接社会影响显然是消极的，因为它使失业者丧失正常的劳动收入，进而给他及其家庭的正常生活带来威胁。它有可能把失业者及其家庭抛入被救济者人群，将他位置于社会的底层。因此，从失业者的经济及社会地位的角度来看，失业都是极其有害的。另外，从社会成员的发展和社会发展的角度来看，失业一方面使失业者失去了重要的参与社会生活的机会，另一方面则使劳动力资源闲置造成资源浪费。从理想的角度来看，失业显然是一种社会病态。还有，从失业的社会效果来看，失业给失业者的生存造成威胁，并成为不安定因素以影响社会秩序。综上所述，失业被视为社会的病态，是社会尽可能避免的。

实际上，劳动力资源的充分利用常常是理想化的状态，因而失业总是不可避免，所不同的是选择显性失业和隐性失业的问题。在一般情况下，人们总不希望看到显性失业，因为这明显地给社会和个人带来威胁，这就使得一些机构和单位人员增多。然而，这种不顾经济效益对多余人员的吸收会直接影响工作效率，并且可能会对整个机构和单位的运行产生更不利的消极影响。其重要表现是使一些人滋生懒惰心理，不思进取。在这种情况下，变隐性失业为显性失业表面上看起来是坏事，实际上就具有许多合理性了。

这就是说，在评价失业时应具体情况具体分析，既要考虑到它的经济因素，又要考虑到它的社会后果。既要看到它的直接后果，又要注意它的间接效应。

（六）贫穷的成因

贫穷是一种普遍而复杂的经济现象和社会现象，任何贫穷都可能主要由某种原因造成，但贫穷总是多种因素共同起作用的结果。自然地理原因、经济原因、政治原因、社会文化原因常常综合起来造成贫穷现象。对于区域性贫穷来说，自然地理原因、社会文化原因可能是决定性的，但并不一定是必然的。我国西部、中部、东部地带贫富程度大体依次展开，但每一地带又都有特殊性。贫穷与生产方式有重要关系。在自给自足的生产格局下，自然地理因素，包括土地肥沃程度及资源丰富程度对相对富裕还是相对贫穷影响极大。但在商品经济的条件下，自然地理因素虽然也起作用，但人的因素则更加明显。在现代社会中，社会、文化等因素对贫穷的影响更加被人们所关注。

（七）我国的反贫穷战略

我国的反贫穷是在三个层次上展开的，即在国家层次上、地区层次上和个案层次上。在国家层次上我国一直在努力摆脱落后面貌，反贫穷战略表现为发展战略。在地区和个案层次上是扶贫和脱贫。在地区层次上，我国长期采用的是救济或传统的经济发展战略，或以救济为手段，或以地区经济增长为目标，对于贫困地区的内在发展注意不够，从而出现脱贫地区又返贫的现象。在个案层次上也有这类现象。传统的扶贫或脱贫战略既取得了不应忽视的成绩，也有一些明显的不足。

四、自 测 题

(一) 填空题

1. 人类与自然环境的关系经历了______、______、______三个阶段。

2. 人文环境失调包括______失调、______失调两个方面。

3. 人类与环境失调表现一是______问题，二是______问题。另外还表现于人类对______的压力过大。

4. 人口问题的实质是人口再生产与______不相适应。

5. 我国人口问题表现为______、______。

6. 我国人口问题的成因______、______、______。

7. 劳动就业问题的实质是______同______不能合理配置。

8. 我国面临就业问题主要是______和解决______两个方面。

9. 失业有______和______两种存在形式。

10. 在就业和失业之间有一个过渡状态，即__________。

11. 贫穷具有______和______、______和______、______和______几种。

12. 贫穷国家的共同特点是：______、生产率水平低、______、______、______、在国际贸易中以农产品和初级产品出口为主。

13. 解释贫穷问题的理论有三种：______、______、______。

(二) 选择题

1. 什么问题正在成为世界性问题，引起世界各国的高度重视。(　)

A. 人口问题　　　　　　　B. 失业问题
C. 环境问题　　　　　　　D. 贫穷问题

2. 我国的基本国策是　（　）

A. 加强精神文明建设　　　B. 计划生育
C. 缩小城乡差别　　　　　D. 扶贫

3. 在劳动或工作岗位上，劳动者不能充分发挥其能力，这是（　）

A. 就业　　　　　　　　　B. 失业
C. 显性失业　　　　　　　D. 不充分就业

4. 对贫穷的定义更具有操作性和描述性的解释是（　　）

A. 经济学定义　　　　　　B. 政治学定义
C. 社会文化的定义　　　　D. 环境学定义

（三）名词解释

社会问题　社会解组　就业　失业　贫穷文化论

（四）简答及论述题

1. 社会问题的成因。
2. 我国人口问题的实质、表现、成因，对社会经济发展的影响及解决的办法。
3. 劳动就业问题的实质及我国解决劳动就业的措施。
4. 失业的功能。
5. 我国反贫穷实践的成就及存在的问题。

五、自测题参考答案

（一）填空题

1. 依赖关系　顺应关系　掠夺关系
2. 社会关系　人与环境关系
3. 原生环境　次生环境　环境
4. 物质资料再生产

5. 人口数量庞大　人口素质低

6. 政治原因　人口惯性　文化及社会因素的影响

7. 劳动力资源　生产资料

8. 新增劳动就业　隐性失业

9. 显性失业　隐性失业

10. 不充分就业或隐性失业状态

11. 绝对贫穷　相对贫穷　个案贫穷　集体贫穷　短期贫穷　长期贫穷

12. 生活水平低　人口增长率高　失业率高　国内贫富分化严重

13. 贫穷的恶性循环论　贫穷文化论　社会环境剥夺论

（二）选择题

1.C　　2.B　　3.D　　4.A

（三）名词解释

社会解组参见第十章《社会控制》中的重要名词、术语中的11。其余名词参见本章重要名词、术语。

（四）简答及论述题

1. 社会问题的成因。

①社会问题是指人文环境失调，影响了广大社会成员的正常生活和社会进步，需要运用社会力量加以解决的问题。人文环境失调包括社会关系失调、人与环境关系失调两方面。

②人与环境关系失调表现在两个方面：一是原生环境问题，即自然界本身存在的因素对人类生存和生产带来的不利影响以至威胁。二是次生环境问题，即被人类改变了的自然环境反过来对人类造成威胁，另外，人类对环境压力过大，环境资源难以承载这种压力。

③社会关系失调。人们之间关系不协调状态主要表现在：群体利益的冲突以致对立，群体间价值观念的冲突，社会结构失调、社会解组等。

2. 我国人口问题实质、表现、成因、对社会经济发展的影响及解决的办法。

人口问题的实质是人口再生产与物质资料再生产不相适应。

我国人口问题的主要表现为①人口数量多。人口基数大，增长速度快，人口分布不平衡。②人口素质低。包括人的身体素质、人的文化和精神素质。

我国人口问题的成因：

①政治原因。人口的迅速增长与我国的政治和政策有直接关系。片面宣传人多力量大。对马寅初控制人口的正确主张进行不公正地批判。使我国人口严重失控。

②人口惯性。我国两次生育高峰，为人口周期性高速增长奠定了基础，这种惯性影响要经过几十年的时间才能消除，所以我国人口仍将大幅度增长。

③文化及社会因素的影响。传统中国是农业社会，崇尚大家庭制度和多子多福。而医疗卫生条件的改善，降低了人口的死亡率。我国人口尚处于高出生、低死亡、高增长阶段。

人口问题对社会经济发展的影响：

①大量新增人口消耗掉了物质生产的新增部分，也就降低了人民的物质生活水平。

②大量新增人口日后必然会带来严重的就业问题。

③我国人口文化程度低，必将对现代化建设产生不利影响。

④我国老龄群体迅速扩大，人口老龄化进程加快也对经济的发展，对老年人的赡养及人们的家庭生活带来重要影响。

解决的具体办法：控制人口数量。严格实行计划生育（强化法律、法规和政策引导，少生优生，不早育超生）；建立养老保险制度，提高对计划生育的认识，强化管理。提高人口素质，主要是文化素质。大力发展经济，提高人民生活水平，减轻就业压力，缓解人口再生产与物质资料再生产的矛盾。

3. 劳动就业问题的实质及我国解决劳动就业的措施。

①劳动就业问题是指在劳动年龄内有劳动能力的人未能从事劳动或有效劳动，而产生的不利于个人生存和社会发展的状况。其实质是劳动力资源同生产资料不能合理配置。

②我国的劳动就业问题表现为：待业、失业（包括显性失业和隐性失业。）

③虽然我们在解决就业方面取得了很大成绩，但问题仍十分严重。我国面临的就业问题主要是新增劳动力的就业和解决隐性失业问题两个方面。

④我国解决就业问题的途经是：发展生产，创造更多的就业岗位；广开就业渠道；控制人口增长；建立待业、失业保险制度。

4. 失业的功能见本章重要理论和难点问题中的（五）。

5. 我国反贫穷实践的成就及存在的问题。

所谓贫穷，是指由于收入不足而导致生活匮乏的状态。我国的贫穷问题十分严重，从世界水平看，我国一直受贫穷困扰着。十一届三中全会以后，我国非常重视这一问题。我国的反贫穷主要是农村贫困地区的脱贫问题。采取的主要措施有：通过社会发展，来达到解决大多数贫困地区人民的温饱问题，使贫困地区初步形成依靠自身力量发展商品经济的能力，逐步摆脱贫困，走向富裕，同时对贫困地区进行政策调整，变单纯的分散救济为整体经济开发，变“输血”为“造血”等。经过数年努力，我国贫困问题逐步缓解，贫困人口明显减少，贫困地区人民的生活明显改善。当然，在反贫穷过程中，还有许多问题：反贫穷只注重经济开发，而忽视了社区发展的真正内涵，有的地方扶贫效果不明显等。

第十二章　社会保障与社会工作

一、教学目的和要求

通过本章学习学员要重点掌握社会保障的涵义与内容，掌握社会保障对于社会及其成员生存和发展的重要意义。了解我国社会保障的理论基础，对我国社会保障制度的成就及存在的问题有清楚的认识，重点掌握专业社会工作的涵义、内容与功能，认识社会工作与社会保障的关系，我国城乡社会保障制度的特点及改革方向。了解社会工作方法的基本内容及我国社区工作的实践。对建立有中国特色的社会工作体系的必要性有明确认识。

二、重要名词、术语

1. 社会保障　社会保障也叫社会安全，是国家和社会依照法律对因不能参加正常劳动或遭受意外而不能维持基本生活的社会成员提供最低限度的经济援助、以保障其基本生活的制度。

2. 社会保险　社会保险是国家和社会通过立法，在劳动者或全体社会成员中因年老、疾病、伤残人员或由其他原因而丧失劳动能力的人生活发生困难时，向其提供物质帮助、保证其基本生活需求的保障制度。

3. 社会救助　社会救助也称社会救济，是国家和社会向贫困者提供最低水平生活需求的物质援助，增强其社会生存能力的一种社会保障制度。

4. 社会福利　社会福利有狭义和广义两种涵义。狭义的社会福利指当社会成员因年老、疾病、生理或心理缺陷而丧失劳动能力，从而导致生活困难时由国家和社会向其提供的服务。广义的社会福利指改善和提高全体社会成员的物质生活和精神生活的各种社会服务措施。为有困难的个人、群体和社区克服困难、减轻痛苦、恢复和改善自己的功能，以适应和进行正常社会生活的服务活动。

5. 个案工作 个案工作是为社会生活失调的个人提供特殊服务，使其适应周围的环境，以进行正常生活的服务活动。

6. 团体工作 团体工作是以遇有心理和社会问题的人所组成的团体为对象，通过开展团体活动向其成员提供帮助、解决其困难、增强其能力的服务过程。

7. 社区组织 社区组织也称社区组织工作，是社会工作者协助社区居民、团体或机构认识社区需要，组成社区行动体系，进行有计划的集体行动以解决社区问题的过程。社区组织的核心是把社区中分散的资源组织起来，依靠社区自身的力量解决社区的问题。

8. 社区发展 社区发展也称社区发展工作，是社会工作者介入有问题的社区，通过启发和教育，协助社区居民组织起来，发挥社区合作精神、动员社区内外资源、有计划地解决社区问题，促进社区经济和社会进步的过程。

9. 乡村建设运动 乡村建设运动是本世纪20～30年代由我国一批知识分子倡导并参与的复兴和建设农村、解决中国农村问题为主旨的社会改良运动。其中晏阳初领导的华北平民教育运动和梁漱溟领导的山东乡村建设运动较有影响。

10. 就业保障 就业保障是新中国以来我国主要在城市中实行的以就业为中心的社会保障制度。只要劳动者获得国家职工的劳动岗位，他也就进入了国家的保障网络，享受各种保障和福利待遇。这套就业保障制度采取高就业、低工资、高补贴、高福利的做法，有效地保障了国家职工的生活，也给国家造成巨大压力。

11. 社区服务 社区服务是指在一定的社区内，以社区居民的自愿、互助为基础，以社区中有特殊需要的困难人群为重点对象，同时面向全体社区居民，为他们排忧解难，提高其生活质量的服务活动。与商业服务追求经济效益有不同，社区服务强调的是服务。

三、重要理论和难点

（一）社会保险、社会救助、社会福利的区别与联系

社会保险、社会救助、社会福利都是社会保障制度的组成部分，都是通过国家和社会向服务对象提供帮助解决其生活中的困难，以防止问题发生、维持社会稳定的措施和活动。但三者提供帮助和服务的角度又有不同。社会保险是面对未来可能遭遇的风险而言的，是从预防的角度来提供服务的，如我国现在在农村实行的农村养老保险制度，当农民还未进入老年时即从多方作准备，特别是在养老金方面作准备，以应付他们年老时可能出现的物质生活方面的问题。社会救助是对社会中贫困者、一般是贫困家庭的临时性的经济和物质援助，这种贫困是已经发生了的。社会福利或称社会福利服务是对老、弱、病、残提供的日常生活服务，这些人一般没有经济上的威胁，但却因自己的身心条件而不能正常生活，这时提供的服务和帮助是社会福利服务。在我国，社会福利的涵义还要宽泛，特别是国家职工，其享受的社会福利已超出上述范围。

（二）我国社会保障制度的理论基础

马克思在《哥达纲领批判》中提出的关于在社会主义社会中社会总产品分配的基本理论是我国社会保障制度的理论基础。马克思所指出的在社会总产品中提取“用来应付不幸事故、自然灾害等的后备基金或保险基金”，“为丧失劳动能力的人等设立的基

金”都属于社会保障的内容，而“用来满足诸如发展学校、保健设施等社会成员共同需要的部分”则成为广义社会福利的内容。然而由于我国长期以来实行城乡二元社会保障制度，因此上述理论基本上只在城市中得到实践。

马克思主义关于社会主义生产目的的理论为社会保障制度提供了重要依据。社会主义生产的目的是满足社会成员不断增长的物质需要和文化需要，其中首先应该包括解决社会成员所遇到的障碍其正常生活的问题。另外，马克思所说的社会主义要为社会成员的全面发展创造条件，不但包括一般的生活保障，也包括广义的社会福利的内容。

马克思主义关于个人与社会的关系的理论也为社会保障提供了理论基础。马克思主义重视人，并把人的发展置于中心地位。马克思主义也强调集体主义，认为人的发展与社会发展是密切相联的。没有人的发展就谈不上社会的发展，而社会的发展又是每一个人发展的前提条件。这种辩证关系把向有困难的社会成员提供保障同社会进步联系起来。实际上社会保障是社会进步的组成部分。

（三）我国流行的社会工作与专业社会工作的异同

社会工作是我国社会中广泛使用的一个名词，我国流行的社会工作是指本职工作之外的、为社会、单位作贡献、为群众服务的活动。一个工人兼任厂工会委员，后者是他的社会工作；一个教师兼任系主任也是社会工作。但一个国家干部的本职工作不属于社会工作，专职工会主席的工作也不属社会工作。专业社会工作是一种以助人为己任的服务工作。那么，我国大量的社会工作同专业社会工作异同何在？它们都提倡为群众服务，为群众排忧解难，这是其相同点。而且专业社会工作强调的价值观同我国工作中倡导的全心全意为人民服务的思想是相通的。二者不同之处在于：专业社会工作以帮助对象为中心，为其解决实际困难，主要表现为服务；我国的社会工作有时强调思想政治工作，常以摆正个人、集体、社会的关系为落脚点，有时带有明显的管理性质。

（四）社会工作与社会保障的关系

社会工作与社会保障在本质上是相同的。其任务和目的都是帮助有困难的社会成员、特别是那些因失业、疾病、生理缺陷、年老、灾害、事故而陷入困难者，以保障他们能正常生活，维护社会安定，促进社会进步。但二者又有差异：①社会保障表现为一套制度，社会工作则是具体的服务活动。②社会保障是为了社会稳定、社会安全而帮助有困难的人，中心偏于社会；社会工作则直接为有困难的人服务，维护社会稳定是上述服务的衍生效果。③社会保障与社会工作的范围也不完全重合。

（五）社区发展

社区发展有两种涵义：一种是作为社会工作的一种方法，它是指以社区发展为目标的一套工作程序和技巧；另一种理解即认为它是社区发展的状态。很明显，二者可以通过社会工作联系起来，即它不仅指促进社区发展的一套有计划的活动，也指它的结果。

作为一种方法、工作程序和技巧，社区发展包括对社区进行分析，发现社区发展中的问题、有利因素及不利因素；根据社区内外资源情况，教育、组织、协助社区居民达成共识，制定社区发展的行动方案；采取适宜的活动形式去实现发展目标。

社区发展的目标是多元的，它以社区发展面临的任务为转移。一般地说，它包括以下主要内容：社区经济发展，提高社区居民的物质生活水平；社区组织发展，提高社区居民对社区事务的参与程度，提高社区的组织程度；社区意识发展，提高社区居民对社区的认同感，增强社区意识。社区发展强调社区的内在发展、全面综合的发展。它以人的发展为中心，以发掘社区资源和社区组织为基本手段去追求社区全面而持久的发展。

（六）我国就业保障制度的得失

对于这个问题可以从就业保障制度的特点、功能和存在的问题几个方面来思考。

就业保障是与就业相连带的保障制度，长期以来我国在城镇居民中实行此制度。其基本特点是：一旦人们进入全民所有制单位就业，他就进入了国家的社会保障网络，就可以享受各种保障和福利待遇。我国的就业保障制度采用高就业、低工资、高补贴、高福利的做法。

就业保障制度通过广泛吸收有劳动能力的城镇人口就业，惠以福利，来保障了人民生活，这使人们感受到社会主义制度的优越性，从而在一定程度上激发了人们为社会主义而工作的积极性，也保障了社会的稳定。

就业保障制度也含蕴着一些问题：①高补贴、高福利给国家财政带来沉重负担，影响了经济建设的投资与发展速度。②就业保障使一些人滋生了享受和懒惰思想，工作消极。③就业保障基本上只在城镇人口中实行，扩大了城乡差别，同时也使得大量农村人口产生了进城欲望，而我国经济落后，这就给城市带来巨大压力。

就业保障制度改革的大致思路是改变一切由国家包下来的保障模式，遵循权利和义务对等的原则，国家、企业、个人共同负担保障金，既能保障人民生活水平，又不给国家造成巨大的财政压力以影响国家经济建设，还能够激发人们的劳动积极性。

（七）我国农村社会保障的状况及完善

长期以来，我国农村缺乏广泛而有效的社会保障制度，农村社会保障处于小范围、低水平，主要由社区来保障。

农村社会保障的内容主要包括：对无依无靠的鳏寡孤独老人和儿童实行“五保”制度；对因天灾人祸而陷入生活困境者给以救济；国家对受灾地区给予粮、钱救济，以渡灾荒；集体化时期由社队兴办合作医疗制度，在低水平上保障农民健康。

这些保障措施在低水平上保证了农民的基本生活，但温饱问题远没有解决。这是由我国农村经济落后、幅员广大及国家偏向城市的政策造成的。经济体制改革以来，有些发达农村的社会保障有较大发展，而有些落后农村的保障却走了下坡路。

随着农村商品经济的发展和农村老龄化人口的加快及农村计划生育面临的严重压力，建立农村社会保障体系已成必要。它仍然是一种社区型的社会保障体系，但覆盖面要拓宽，保障项目应再完备。在一般情况下，它仍将是对农村居民基本生活的保障。

四、自　测　题

（一）填空题

1. 社会保障的实质是通过______再分配来缓解各种社会问题。

2. 社会保障的特点有______、______、______、______。

3. 社会保障包括______、______、__________三项内容。

4. 社会保险是对______的预防；社会救助是对______的救济；社会福利提供的是______和______。

5. 社会保障源于欧洲中世纪的______。

6. 社会工作方法主要包括______、______、______。

7. 本世纪 20～30 年代的______是我国较早的社会发展工作实践。其中最有影响的代表人物是______和______。

8. 我国的社会保障在城镇采取______和__________。

9. 我国的就业保障制度采用______、______、______、______的做法。

10. 我国农村社会保障工作的主要范畴有______、______、______、______。

（二）选择题

1. 社会保险是（　）

A. 社会救助　　　　　　　B. 社会保障的一项内容

C. 社会福利　　　　　　　D. 人身、人寿保险

2. 社会工作是指（　）

A. 推行和实现社会保障制度的工作

B. 本职工作之外为群众服务

C. 没有报酬的为群众服务的工作

D. 国家组织的社会服务工作

(三) 名词解释

社会保障　社会工作　社区组织　社区发展　乡村建设运动

(四) 简答及论述题

1. 试述社会保障的功能。

2. 社会保险、社会救济、社会福利的异同。

3. 社会工作的功能。

4. 社会保障与社会工作的异同。

5. 我国城乡社会保障制度的特点及改革方向。

五、自测题参考答案

(一) 填空题

1. 国民收入

2. 经济保障　社会性　合法性　人道主义

3. 社会保险　社会救助　社会福利

4. 未来风险　现实贫困　福利设施　社会服务

5. 慈善事业

6. 个案工作　团体工作　社区工作

7. 乡村建设运动　晏阳初　梁漱溟

8. 就业保障制度　价格补贴制度

9. 高就业　低工资　高补贴　高福利

10. 农村救灾　“五保”制度　合作医疗　扶贫

（二）选择题

1.B　　2.A

（三）名词解释

社会工作：是指帮助社会生活处于不利地位的个人、群体和社区，解决困难、预防问题的发生，恢复、改善和发展自己的功能，以适应和进行正常的社会生活的服务活动。

其余名词参见本章重要名词、术语。

（四）简答及论述题

1. 试述社会保障的功能。

社会保障是国家和社会依照法律对社会成员的基本生活予以保障的制度。社会保障主要是经济上、物质上的保障或帮助，是当社会成员遇到困难时的一种援救措施。其实质是通过国民收入再分配来缓解社会问题。

功能①满足无劳动能力者的基本生活需要，保障其生活的安全。社会保障的基本内容是向老、弱、病、残、无业人员等提供物质帮助，保证这些处于不利境况的社会成员的安全。

②维护社会稳定。社会保障通过向不幸者提供保障，缓解各种社会矛盾，从而保持社会的稳定。

③保护和维持劳动者的工作能力，保障劳动力的再生产，刺激劳动潜力的充分发挥。国家和社会通过向有劳动能力的人提供保障，可以使其劳动潜力不致丧失，而是为它的发挥创造基本条件。

④促进社会公平和社会进步。社会保障通过合理收入的再分配，向蒙受不幸者提供参与公平竞争的基本条件。通过收入再分配，调节社会成员收入上的过分悬殊，这也是社会进步的目标。

⑤社会保障也有反功能：第一社会保障实行初期，某些国家和政府通过此手段使那些处于不利地位的人就范，未能保障其合理的权利。第二在实行高福利制度的情况下，使一些人滋生了懒汉心理，不利于人潜在能力的发挥。

2. 社会保险、社会救济、社会福利的异同参见本章重要理论和难点（一）。

3. 社会工作的功能。

第一，解决实际困难，保障个人生活。社会工作是针对遇有特殊困难的个人或群体的。通过向受助者提供物质的、精神的、社会的帮助，解决他们的实际困难，保障他们的生活。

第二，挖掘潜能，促进其发展。注重调动受助者的潜能，促进其发展。

第三，发扬互助精神，促进社会整合。

第四，化解社会问题，维持社会稳定。

4. 社会保障与社会工作的异同参见本章的重要理论和难点(四)。

5. 我国城乡社会保障制度的特点及改革方向。

我国城乡社会保障的特点：①城乡社会保障的二元性。我国社会城乡二元结构，表现在社会保障方面则是城乡居民，特别是全民所有制职工享受良好的保障和福利，农村居民所得到的保障很少。

②城市社会保障的包办性和农村社会保障的自助性。城镇居民的保障和福利由国家（或企业）包揽下来，在农村主要是靠农民自己力量解决问题。

③行政推动。社会保障借助各级各类组织运行和起作用的。使行政管理体系同社会保障推行体系合一。政府和与政府密切相关的群团组织成为社会保障制度的推行者和有效执行者。

④社会保障制度的实施，社会工作的开展主要由各级各类国家干部、公职人员承担。

这种社会保障既给人民生活以保障，稳定了社会秩序，但也存在着一些问题：农村保障水平低；城市的就业保障带来社会流动困难，使一些人滋生了消极不思进取的工作态度；高福利给国家财政带来巨大压力；城乡巨大差异使农村居民千方百计进入城镇，给城市带来巨大压力。

改革方向：①改革城市原有社会保障制度。扩大保障范围，完备保障项目，多方筹集、合理利用保障资金。完善社会保障的行政管理体系。

②建立农村社会保障体系。根据农村条件，建立起合适的社会保障体系。

③发展社区服务。通过社区服务不但可以解决社区居民日常生活中遇到的各种问题，还可以弥补政府社会保障资金的不足。

④建立健全社会工作体系。

第十三章　社会变迁

一、教学目的和要求

通过学习，重点掌握马克思主义的社会变迁理论，“五德终始说”，社会进化论，和社会流动的类型及意义。一般掌握其他社会变迁理论以及中国革命和中国近代社会变迁情况。

二、重要名词、术语

1. 发明　在科学技术上创造新事物或新方法，叫做发明。因此，发明是指首创的、经过实践证明可以应用的新事物、新技术、新工艺和新的制作方法。一个国家的科学技术水平，在一定程度上表现为拥有多少发明专利。重大的科学技术发明往往会导致产业革命。如18世纪60年代，由英国发明家瓦特对原始蒸汽机作了一系列的改进和发明，使其成为工业上可用的发动机而广泛应用于资本主义工业生产，促进了人类第一次产业革命。

2. 发现　所谓发现，就是经过研究和探索，看到或找到前人没有看到或找到的事物或规律。例如，牛顿发现万有引力。李政道和杨振宁经过对基本粒子的研究，并由吴健雄等人证实，于1956年发现在基本粒子弱相互作用的领域内，宇宙并不守恒，从而证明宇宙守恒定律并不普遍适用。发现与发明是科学劳动最主要的目的。

3. 中国古代四大发明　人们通常把火药、印刷术、指南针、造纸术合称为中国古代四大发明。11世纪中叶（宋仁宗庆历年间）我国发明家毕升采用活字印刷术，北宋科学家沈括将其记入《梦溪笔谈》。指南针早在战国时期称为“司南”，是利用天然的磁铁，《韩非子·有度》篇中就有记载。火药的发明源于炼丹术，晋郑思远《真元要道妙略》中有记载，宋代已经用于军事。马克思曾给三大发明（造纸术未计入）以高度评论：“火药、指南针、印刷术——这是预告资产阶级社会到来的三大发明。火药把骑士阶层炸得粉碎，指南针打开了世界市场并建立了殖民地，而印刷术则变成新教的工具，总的来说，变成科学复兴的手段，变成对精神发展创造必要前提的最强大的杠杆。（《机器、自然力和科学的应用》人民出版社 1978 年版，第 67 页。）

4. 科学技术是第一生产力 在生产力中，具有一定的科学技术知识、生产经验和劳动技能的劳动者占有最重要的位置。劳动者是生产过程的主体，是首要的生产力，是构成生产力诸要素中起主导作用的要素。劳动者是生产工具的创造者、使用者和劳动资料的改进者。物质要素只有被人所掌握，只有和劳动者结合起来才能形成为现实的生产力。

生产力中不论是物的因素还是人的因素，都同一定的科学技术紧密相联。这表现在：①科学理论知识被人们所认识和掌握，不断创新与改进生产设备，利用和创造新的原材料，采用新工艺，从而使劳动生产率大幅度提高。②科学知识和理论为劳动者普遍掌握，它会大大提高劳动者的文化技术水平，从而进一步提高人类的劳动能力。现代科学技术愈是高度发展，科学技术成果就愈来愈转化为直接的生产力，变成“人类改造自然的强大物质手段”。马克思说：“生产力里面也包括科学在内。”（《政治经济学批判大纲》第 3 分册第 350 页）中国共产党十四大报告在此基础上更明确地提出“科学技术是第一生产力，振兴经济首先要振兴科技”，并提出“社会主义的本质是解放生产力，发展生产力”。这就在中国社会主义建设发展的经验基础上发展了马克思主义。这也表明，生产力的变化是社会变迁的原始因素。

5. 代内流动和代际流动　所谓代内流动，是指一个人在其一生中职业或社会地位的变化，也称为职业流动。在农业社会，工商业经济不发达，代内流动很少发生。人的一生从事于农业或手工业，不仅职业很少变动，社会地位也很少变动。工业社会，城市生活中，人的职业流动频繁，人的一生可以变换许多职业，工作地点和社会地位。代内流动的参照物是个人从事的第一个职业，其研究的目标则是最后的一个职业。

所谓代际流动，即两代人之间的流动，即父辈和子辈两代人之间职业和社会地位的变动。大量的代际流动现象，反映了社会变迁的加剧和变动的趋势。农业社会，代际流动频率不大，通常是子继父业，并以此为荣。工业社会，科学技术与工商业发达，促进了职业的转变。特别是政治社会革命，引发中国近代百多年的社会巨大变迁，不仅代际流动加剧，而且由于剥削制度，王朝制度的倾覆，大量的剥削阶级和王公贵族，沦为平民百姓，其子女也自然地改换了职业，而工农群众由于其社会地位的升高，子女的职业不再是固守在父辈的原有的工人、农民本行，而大量向社会的各方面流动。这就是所谓“工农出身”的深刻含义。一个高级干部、将军、科学家，如果是“工农出身”，这就是说，他的父辈是一名普通工人、农民，而他现在则是社会中的“上层”人士。

十余年来我国的经济体制改革和对外开放，使我们这个被迫处于封闭状态的中国社会，发生了又一次巨大变革，称为又一次的革命。反映在代内流动和代际流动上的空前频繁，也反映了社会分化的加剧和社会的重新整合。代内流动、代际流动，既可能是水平流动，也可能是垂直流动。而在垂直流动中，许多人向上，许多人却向下流动。

三、重要理论和难点

（一）马克思主义的社会变迁理论

马克思主义的社会变迁理论是马克思主义的历史唯物主义中主要论题之一。

马克思主义关于社会变迁的经典性理论主要有如下几点：

1．社会的变迁，归根到底是由社会的经济基础发生变动而引起的。

2．随着经济基础的变更，全部庞大的上层建筑或快或慢地要发生变革。

3．随着生产力的获得，人们改变自己的生产方式；随着生产方式的改变，也改变着生活方式，也就改变自己的一切社会关系。

4．当社会的上层建筑所维护的是先进的经济基础或所瓦解的是腐朽的经济基础时，它对社会起推动作用；相反，当它所维护的是腐朽的经济基础或破坏的是先进的经济基础时，它对社会发展就起着阻滞作用。这就是社会的上层建筑对经济基础的作用概括的结论。

（二）邹衍的“五德终始”学说

邹衍是战国时期阴阳五行家的代表人物，齐国稷下的学者。据司马迁说，他的年代在孟子以后。他曾到过许多诸侯国宣传他的学说，而且受到厚礼款待。他的学说的一些片断，保存在《史记·孟子荀卿列传》中。司马迁还提到邹衍的“五德终始”说，说他用这种学说来解释社会历史变迁的原因，但他并没有说明这种学说的具体内容。《孟子荀卿列传》中说：“称引天地剖判以来，五德转移，治各有宜，而符应若兹”，意思是：邹衍认为自从天地开辟以来，五行五德轮流替换，治理天下的人各有恰好配合的五行五德，那些表现预兆的感应现象就是如此的。另外在《文选·魏都赋》注中引《七略》的解释说：“言土德从所不胜，木德继之；金德次之，火德次之，水德次之。”照刘向的这种解释，邹衍认为历史的发展是按着“五行相胜”的循环顺序进行的，由土德开始，最后又回到土德，历史上每个王朝的出现，都体现了五行中某一种势力占统治的地位。这种学说，看到了历史是变化的，而且有必然的趋势。但是它把历史的变化理解为一种循环的过程，从而陷入了历史循环论和命定论。以上材料可以作为对理解邹衍“五德终始”说的补充。

（三）中国百余年来的社会变迁

以马克思主义的社会变迁理论来解释，我们觉得可以得出下列几点认识：

1. 社会变迁是一个有规律的发展过程，是俗话所说的“大势所趋”。这不是任何个人随心所欲，凭个人意志可以左右的“大势”。

2. 我国近代的社会变迁经历了一百多年的极其错综复杂的变迁过程。变迁大体上是符合马克思主义所论证的社会变迁过程的。

3. 我国的这场伟大的社会变迁的过程，如果没有马克思主义理论的指导，没有中国共产党的领导，是进行不了的。这场变迁实际上也是一场连续不断的政治、经济和社会革命。

4. 这是一场千古未有的伟大的社会变迁。整个的社会结构、都来了一次重新的组合，社会制度、人们的社会地位、社会价值观、角色模式都进行了彻底的更新。

5. 这场社会变迁至今仍未结束，变迁的最后目标仍未充分达到。虽然大可期待，却还要付出巨大的艰辛和努力。

四、自　测　题

（一）填空题

1. 人类要善于利用 ______ 为人类的社会发展服务，要

______、______、______三种措施统一考虑。

2. 邹衍认为历史的发展按______的循环顺序进行的。

3. 维科认为世界各民族都经历了______、______、______三个历史阶段。

4. 汤恩比提出了“______”论。

5. “文化类型”说是由______提出的。

6. 社会均衡论的主要代表是意大利社会学家______和美国社会学家______等。

7. ______思想于40～50年代在西方社会学界盛行。

8. 社会流动按流动主体划分有______、______、______。按流动方向划分有______、______；按运动方向参照划分______与______。

9. 中国近代发生的五件大事：__________、__________、__________、__________、__________。

(二) 选择题

1. 本世纪40～50年代，西方社会学界盛行的社会变迁理论是（　）

A. “生物有机体”说　　B. 社会进化论

C. 社会均衡论　　D. “文化类型”说

2. “社会是从简单到复杂，由低级到高级的直线式发展”。这是社会变迁哪种理论的观点。（　）

A. 社会进化论　　B. 历史循环论

C. 社会均衡论　　D. 历史三阶段说

3. “世界文化发展的历史总是像钟摆一样，从一个极端走向另一个极端”这是社会变迁哪种理论的说法。（　）

A. “文化类型”说　　B. “生物有机体”说

C. 历史三阶段　　D. “社会和自然环境压力”说

4. 一位工厂的工程师调到大学里任讲师，这种流动称作（　）

A. 个人流动　　B. 代内流动

C. 向上流动　　　　　　　D. 水平流动

(三) 名词解释

社会变迁　生活方式　社会流动　社会革命

(四) 简答及论述题

1. 社会变迁的原因。

2. 马克思主义的社会变迁理论。

3. "五德终始说"。

4. 简述社会进化论。

5. 社会均衡论。

6. 社会流动类型及划分的意义。

五、自测题参考答案

(一) 填空题

1. 自然资源　保护资源　开发资源　利用资源

2. 五行相胜

3. 神的统治（神灵时代）　贵族统治（英雄时代）　人民统治（凡人时代）

4. 社会和自然环境压力

5. 索罗金

6. 帕雷托　帕森斯

7. 社会均衡论

8. 个人流动　家庭流动　群体流动　水平流行　垂直流动　代际流动　代内流动

9. 辛亥革命　五四运动　中华人民共和国成立　消灭剥削制度　形成了独立、完整的工业体系

(二) 选择题

1.C　　2.A　　3.A　　4.D

（三）名词解释

1. 社会变迁：是指一个社会中，社会结构方面发生的社会制度和人们的生活方式、社会角色模式的变动过程。

2. 生活方式：是指在一定的社会群体中，人们生活表现的类型化了的活动形式与特征。

3. 社会流动：有广义、狭义两方面涵义。广义的社会流动是指个人、家庭以及其他社会群体在不同的社会部门间的运动。狭义的社会流动一般仅指个人社会地位的变化。

4. 社会革命：是一种急剧的、对整个社会进行根本改造的社会变迁形式。

（四）简答及论述题

1. 社会变迁的原因。

所谓社会变迁，是指社会整体结构的变动。即其各组成部分之间的相互作用和相互制约的关系的变动过程。其基本形式有二，一是社会进化，一是社会革命。引发社会变迁的根本原因：

第一，自然环境的变化。自然环境包括地形、气候、海洋、陆地、土壤、植物等复杂的综合体。它们的交互作用，不仅形成了人类的生存环境，而且为社会生产提供了必要的资源。尽管人类征服自然、改造自然的能力不断增强，但一些大的自然灾害如地震、洪水等，人类还无法根治，一旦产生容易引发社会变迁。

第二，人口的变动。人口是社会的主体，是人类社会组织的基础，一定数量与质量的人口是社会正常发展的基本因素，人口过多、过少都会影响社会变迁。

第三，文化、科技的发明、发现、传播。科技是第一生产力，每一次科技的发明创造，都引发了一场社会革命。

第四，社会生产力的变化。生产力与生产关系的矛盾运动是社会变迁的根本动力。随着科学的发展，推动着生产力的发展，引发了生产关系与之适应，进而形成社会变迁。

2. 马克思主义的社会变迁理论参见本章重要理论和难点中

的（一）。

3．“五德终始说”参见本章重要理论和难点（二）。

4．简述社会进化论。

社会进化论导源于生物进化论。社会进化论认为社会的进化和生物进化一样，是一个缓慢的、渐进的过程，是从简单到复杂、由低级到高级的直线式的发展。

第二次世界大战后，出现了新进化论。新进化论把研究重点放到不同社会发展变化的模式上，认为社会的发展不是直线式的、渐进的过程，可以借助文化的传播作跨越阶段的发展。

社会进化论思想在我国清末民初很为风行，成为锐意改革，推翻帝制，批判封建旧礼教旧文化的有力武器。当时的革命代表人物，用优胜劣败，适者生存思想鼓励中国人团结一致，共御外侮，起到积极的推动革命的作用。

但由于其援引自然进化论以解释社会现象，以至被帝国主义用来作侵略弱小民族的理论依据而遭至批判。

5．社会均衡论。

社会均衡论是西方社会学思想中颇有影响的观点，在本世纪40～50年代，在西方社会学界盛行。其主要代表人物有意大利社会学家帕雷托和美国社会学家帕森斯。

其主要观点为：任何社会系统主要有经济生产力的水平、政治权力的分布状态、意识形态的性质、不平等的模式等特征，如果某一方面特征发生变化是充分的，整个社会系统将相应发生变化，以达到一种新的均衡；反之，如果变化不充分，就会受到来自社会系统其它方面的压力，使社会系统保持原有均衡；帕森斯发展了这一思想，他认为社会系统都有其组成的子系统，这些子系统在结构与功能上必须相互配合，以便使社会系统能够存在。均衡是社会体系运行的最终目标。

这种思想仅仅看到社会均衡的一面，而社会经常是在各种矛盾中前进的。均衡是在一定条件下相对的，均衡是经常变化的，不是永恒的。

6. 社会流动类型及划分的意义。

由于划分流动的标准不同，因而流动的类型也多种多样。按照流动的主体划分，有个人流动、家庭流动、群体流动；按流动方向划分，有水平流动和垂直流动；按流动参照物划分，有代际流动和代内流动。在当今社会生活中，研究社会流动有着重要的意义。如研究垂直流动，可以解决我国目前干部制度中的终身制问题，干部能上能下，有利于建设成为一支知识化、专业化、革命化、年轻化的干部队伍；研究水平流动，可以解决我国用人不合理的现象，加强人才交流，既可以解决用人不合理现象，防止“近亲繁殖”，也可以相互交流文化知识，有利于各类人才的脱颖而出，等等。

第十四章　社会现代化

一、教学目的和要求

本章教学目的是提供学生关于社会现代化的综合知识，理解当代各国社会发展的深刻意义。要求通过学习，重点掌握社会现代化的涵义、内容及我国社会主义现代化的目标与途径，社会趋同论和依附理论。一般掌握社会现代化理论和社会发展计划等。

二、重要名词、术语

1. 社会现代化　所谓社会现代化，是指整个国家、社会全面的现代化。即人们利用近、现代的科学技术，全面改造自己生存的物质条件、精神条件，以及改造自己以创造并适应这些条件，达到社会繁荣发展的过程。社会现代化有三个特征：①社会现代化是社会的全面的革新，全面的现代化。内容涉及到社会生活各个方面，包括物质建设，精神建设，社会建设以及个人思想、行为等方面的现代化；②社会现代化，必须以现代文化现代科学技术为后盾，科学技术不发达，文化教育不发达，就不具备现代化的基本条件。③社会现代化不是一时一国的追求，而是全球性的长远的追求，一个国家要善于开发和利用各种条件，不断进取才能完成这项任务。

2. 城市化与城式化　城市化表示一个国家的社会经济关系、人口、生活方式等由农村型向城市（或都市）型转化的过程。它包括三个方面：①产业结构由农业型经济转变为工业型经济；②

人口向城市集中，城市人口比重增大；③社会生活向都市性状态转变。三个指标综合的表现是都市地域的扩大，市镇数目的增多。urbanism 一词可以作不同理解，一为城市化，与 urbanization 同义，一为城市性，即指一个社区发展成具有城市的特征、城市的性质的社会。第三，还可以理解为“城式化”，即一个农村社区，其工业、人口等不必一定集中城市，而在本社区就可以适当发展，使本社区城市式的条件，特别是生活方式改变为具有现代化城市生活水平。物质、精神生活条件、健康、文化生活水平与城市差距缩小。这就扩大了原来城市化的涵义，因此 urbanism 可以称之为“城式化”，城式化也体现了中国式城市化的特点。

3. 第三次浪潮 美国学者阿·托夫勒，在 1980 年出版了一本有社会影响的书《第三次浪潮》，在这本书中，作者提出把人类文明时期分为三个阶段，第一次浪潮是农业阶段，第二次浪潮是工业阶段，目前正在开始的是第三次浪潮。第一次浪潮历时数千年，第二次浪潮至今不过三百年，今天历史发展速度加快，第三次浪潮可能只要几十年。今后生活将一反工业化时代的单一化向多样性转变。

4. 综合国力 评价社会发展，过去的偏向是只以国民生产总值一种经济指标来作标准，这样得不到一个国家或社会全面发展的正确的结论。多年来各国不少学者和联合国开发计划署等，研究出不少办法来解决这一问题，有所谓物质生活质量指数（简称 PQLI）、社会进步指数（简称 ISP）、人的发展指数（简称 HDI）等各种综合指标方法，来说明各国近年来的实际发展。这些综合指标各有特点及其特殊范围的用途。按照平均国民生产总值计算，由于中国的人口数量大，总是排在第一百名以后。按照上述几种综合指标，中国一般是排在中等偏上，即 70 到 80 位之间。但另有一种指标叫综合国力方程，是由美国的 R·S·克莱因于 80 年代初提出的，其具体公式是：

$$P_P = (C + E + M) \times (S + W)$$

上式中 P_P 表示一个国家的综合国力水平；C 表示基本实体，由人口和领土构成；E 表示经济实力；M 表示军事实力；S 表示战略目的；W 表示追求国家战略的意志。

克莱因首先将世界划分为十一个政治区，然后选择人口在 1500 万以上的 43 个国家计算了综合国力得分，（计算方法从略）结果中国总得分 83 分，综合国力排在世界第七位。前十名的国家排列次序是（1978 年情况）苏联、美国、巴西、西德、日本、澳大利亚、中国、法国、英国、加拿大。

5. 比较成本说 依附理论批判的“比较成本”说，是英国古典经济学家李嘉图首创的对外贸易理论。这个理论认为每个国家应专门生产生产费用比较低的商品来出口，而在生产方面比较不利的其他商品，即使生产该项商品的绝对费用低于其他国家，亦仍以从国外进口为有利。他举例论证：葡萄牙生产一定数量的毛呢、葡萄酒各为 90 天及 80 天，而英国生产同样数量的毛呢及酒各为 100 至 120 天，葡萄牙虽然在这两种商品生产上都比英国占优势，但如专门生产葡萄酒用以交换英国的毛呢则更为有利。这种说法好像是说，国际贸易自发地形成国际分工，参加国会永远得到相互利益，实际此说法无视资本主义国家利用对外贸易来剥削发展中国家。后来许多国家引用李嘉图学说，不过以此来掩饰帝国主义的掠夺和经济扩张而已。

三、重要理论和难点

（一）全盘西化

全盘西化论是在中国半殖民地地位逐步加深，中西文化冲突发展过程中，涌现出来的形形色色的社会文化思潮的一种，它带有深刻的时代特征和阶级烙印。最初提出全盘西化论的人是胡适，1929 年，胡适为英文《基督教年鉴》写了一篇文章，叫做

《今日中国的文化冲突》在这篇文章中他表达了西化主张。当时潘光旦教授评论说，胡适文中一词可译作“全盘西化”，而另一词可译作“全力现代化”，他赞成“全力现代化”而不赞成“全盘西化”，从此，中文词汇里便出现了“全盘西化”一词。后来，胡适、陈序经又多次出书，写文章宣传全盘西化的主张。全盘西化论是民族虚无主义和崇洋媚外的思想表现，在二三十年代已经被批驳得体无完肤。

（二）发达国家和发展中国家

所谓发达国家或发展中国家，只是粗略地用于划分比较富有或比较贫穷国家的名称。最通常的区分是按人口计算国民生产总值；但是每人平均收入本身并不决定一国的发达与否，创造收益的工业基地的存在或发展具有同样重要性。世界上有些人均收入最高的国家是较富有的石油输出国，例如沙特阿拉伯和科威特，但它们缺乏广大的工业基地，一般还是被认为是发展中国家，而不是发达国家。可见发达不发达还要看一些综合指标，不能单看人均国民生产总值。

（三）信息社会

指信息已成为最重要的资源的社会，又称信息时代。未来学根据本世纪末下世纪初社会生活可能发生的巨大变化，认为信息社会有五大特征：1. 在社会经济和生产发展中起决定作用的不是资本而是信息知识。2. 智力密集，智力成为经济社会的驱动力。3. 价值的增长通过知识实现。4. 关心未来，研究未来。5. 多样化、分散化、小型化。1982 年日本经济学家松田米津出版《信息社会》一书，指出工业社会发展的核心技术是蒸汽机，其主要功能是代替和减轻人类的体力劳动；信息社会发展的核心技术是电脑，其主要功能是代替和加强人的脑力智能。电脑的发展带来信息革命，产生大量系统化的信息、科学技术知识。由信息网和数据库组成的信息公用事业，生产和分配信息产品，是信息社会的基本结构。

四、自　测　题

（一）填空题

1. 第一次产业革命的标志______；第二次产业革命的标志是______，第三次产业革命的标志是______的利用，______为主要标志的兴起，______的出现；第四次产业革命的标志是______的广泛应用。

2. 社会学家、未来学家托夫勒把目前新技术、新材料的开发应用称为"______"。

3. 在研究现代化问题中有一个突出的机构______。

4. 未来社会学分为三个学派：______、______、______。

5. ______年______总理提出四个现代化，并指出四化的关键是实现科学技术现代化。

6. 我国现代化战略的确定的依据是______的需要。

（二）选择题

1.《第三次浪潮》一书的作者是（　）

A. 丁伯根　　　　B. 托夫勒

C. 佩切伊　　　　D. 贝尔

2. 不发达国家只有脱离与西方发达国家的联系才能摆脱不发达状态，这是哪一种现代化理论的观点。（　）

A. 信息社会论　　　　B. 社会趋同论

C. 依附理论　　　　D. 后工业社会论

3. 社会趋同论最早是谁提出的（　）

A. 弗兰克　　　　B. 丁伯根

C. 普雷毕什　　　　D. 沃勒斯坦

4."后工业社会"论是由谁提出的（　）

A. 贝尔　　　　B. 弗兰克

C. 奈斯比特　　　　D. 达伦道夫

（三）名词解释

社会现代化　全球发展理论　“后工业社会”论　罗马俱乐部

（四）简答及论述题

1. 社会现代化的特征。

2. 社会现代化的内容。

3. 社会趋同论。

4. 依附理论。

5. 我国现代化的战略选择。

6. 社会主义现代化与资本主义现代化的异同。

五、自测题参考答案

（一）填空题

1. 纺织业的兴起　电机制造和电力应用　原子能　宇航事业　电子计算机　微电脑

2. 第三次浪潮

3. 罗马俱乐部

4. 经院学派（后工业社会学派）　罗马俱乐部学派（悲观学派）　赫德森学派（乐观学派）

5. 1963　周恩来

6. 人民的物质和文化

（二）选择题

1.B　2.C　3.B　4.A

（三）名词解释

1. 社会现代化：是指人们利用近、现代的科学技术，全面改造自己生存的物质条件、精神条件，以及改造自己以适应这些条件，达到社会繁荣发展的过程。

2. 全球发展理论：是由罗马俱乐部提出的，其认为全球是一个整体，提出了各种全球性问题相互影响，相互作用的全球系统观点。倡导从全球入手解决人类重大问题的思想方法，表明了人类已经开始站在新的全球的角度来认识人、社会和自然的相互关系。标志着人类已经开始综合地运用各种科学知识，来解决那些最复杂并属于最高层次的问题。

3."后工业社会"论：美国哈佛大学丹尼尔·贝尔首先提出了"后工业社会"的概念。他认为后工业社会的特征是：专业与技术人员处于主导地位，产品生产转变为服务性经济，理论知识处于中心地位，未来发展方向是控制技术的发展和靠智能技术决策。

4.罗马俱乐部：是研究现代化问题的一个重要机构。它于1968年，由意大利企业家A·佩切伊和英国科学家A·金共同发起组织。该俱乐部把全球看成一个整体，提出各种全球问题相互影响、相互作用的全球系统观点。倡导从全球入手解决人类重大问题，并应用世界动态模型从事复杂的定量研究，运用各种科学知识综合那些复杂问题。他们在研究人类社会发展前途上持悲观态度。

(四) 简答及论述题

1.社会现代化的特征见本章重要名词、术语1。

2.社会现代化的内容。

第一，经济现代化。它是社会现代化的基础和核心。没有经济现代化，其它现代化就难以实现。经济现代化不仅表现为经济增长，而且包括生产力结构、生产方式、消费等现代化。

第二，政治现代化。政治是经济的集中表现，没有政治现代化，经济现代化很难推进和持久。它包括政治民主化、管理科学化、社会生产法制化、军队现代化等。

第三，文化、科学技术现代化。科学技术不仅是生产力，而且还能直接影响人们的生活方式和生活质量。

第四，城乡社区现代化。中国的现代化，走城乡共同繁荣、城乡一体化的道路。城乡一体化不是城市吃掉农村，而是二者繁荣到一个水平上，打消城乡二元经济结构，不分彼此，融为一个新一体的现代化。

第五，群体组织现代化。是指从小到家庭、大到企业，在组织结构、活动规律、组织管理等方面的现代化。也可以说是组织管理的科层制。

第六，人的现代化。人是现代化事业的主体，是一切现代化活动的主宰者。

3. 社会趋同论。

社会趋同论是一些学者用来解释不同国家在现代化过程中遵循同一规律的理论。最早由荷兰经济学家丁伯根于1961年提出。

社会趋同论的基本观点是：社会现代化过程中，尽管不同的社会起点、社会制度、具体条件不尽相同，但都会经历同样的过程，经济上的工业化、政治民主化、城市化、世俗化。经过社会现代化的过程，不同国家在许多方面变得越来越相似。

评价：①社会趋同论认为社会变迁是由工业化、科学技术进步引起的。由于工业化、科学技术的进步有自己的发展规律，所以无论什么国家和社会，只要现代化达到一定的水平，就会出现相似的特征。(工业化、民主化、科层化)。

②没有看到社会趋异是更重要的方面。在趋同中也包含一些不同。

4. 依附理论。

依附理论是发展中国家的学者用来解释不发达国家发展不起来之原因理论。理论的思想基础是阿根廷经济学、社会学家普雷毕什提出的核心与边陲国家不平等理论。

这种理论认为，世界经济是一个体系，这个体系由核心和边陲构成（即由西方发达国家和非西方不发达国家构成）。核心和边陲之间的经济关系是不平等关系，西方发达国家通过不平等贸易剥削不发达国家，从而导致后者不发达。本理论的另一代表人物弗兰克引伸了“核心——边陲”的概念，认为“核心”也可称为“宗主”，“边陲”也可称为“卫星”，宗主与卫星的关系，不仅存在于发达国家与不发达国家，而且还存在于卫星国之内的不同地域，后者是前者的翻版。结论是不发达国家必须割断同发达国家的联系，自力更生，才能摆脱不发达的境地。

评价：①这一理论看到了不发达国家落后的重要原因，对要摆脱传统社会到达现代社会只有走西方现代化模式的理论给予了严厉的批评，对不发达国家如何走正确的发展道路，显然是一个新的分析观点。但它将其原因完全归于外因是不全面的。②其割断同发达国家的联系的设想很难做到。

5. 我国现代化的战略选择。

①中国现代化战略决策，自 50 年代就基本定下来，后来逐步明确，80 年代初确定了中国的现代化分三步走的战略选择。第一步大致用十年时间，使国民生产总值增长一倍，主要是解决人民的温饱问题。第二步，到本世纪末，使国民生产总值再增长一倍，人民生活达到小康水平。第三步，是到下个世纪 30 至 50 年代，使人均国民生产总值达到世界上中等发达国家的水平，实现国民经济的现代化。

②战略选择的基本依据是我国的基本国情和人的社会需要的发展规律。马克思需要学说所表达的生存、享受、发展三种资料或需要的发展，适合于一个国家，一个社会总情况，即从为生存资料而斗争到为享受资料而斗争，再到为发展资料而斗争。我国当前的主要矛盾就是要解决人们需要的增长同社会生产力落后的矛盾。

6. 社会主义现代化与资本主义现代化的异同。

从形式上看，不论哪一种现代化，都是采用现代科学技术来发展经济，但从实质上看，二者有着极大的差别：

第一，从实现现代化的目标看，资本主义现代化只强调物质现代化，目标是发达资本主义社会模式。其特点为高生产、高工资、高消费、高剥削、高物价、高债务和高度精神空虚。而社会主义现代化在强调建设物质文明的同时，也强调建设精神文明。这才是全面的、理想的、真正的现代化。

第二，从实现现代化的基础看，资本主义现代化是建立在生产资料私有制基础之上的，因而现代化的命运掌握在资本家手中，而社会主义现代化是建立在生产资料公有制基础上的，现代化的命运掌握在生产者手里。

第三，从实现现代化的道路来看，资本主义现代化是通过对本国劳动人民的残酷剥削和对其他国家人民的疯狂掠夺，特别是依靠侵略战争、殖民化实现的；而社会主义现代化则不能靠剥削和掠夺，只能依靠解放生产力，先进的科学技术和全国人民的勤奋努力来实现。

第十五章　社会调查研究方法

一、教学的目的和要求

本章不属社会学概论的主体内容，但社会调查研究方法是社会学学科的重要组成部分，它是社会学理论产生的基础之一。通过本章学习，要求学员掌握社会调查研究的一些基本概念以及操作方法，了解进行一项社会调查研究所应遵循的主要思路和程序，为进一步学习社会调查研究知识和进行实际调查打下基础，基于以上想法，这里只提出本章所应掌握的基本概念及问题。

二、重要名词、术语

1. 社会调查研究　它是使用科学的方法直接向研究对象收集资料，并通过整理和分析资料，正确认识研究对象的过程。

2. 研究假设　研究假设是通过调查研究所要证实的关于调查研究对象的特征，及有关现象之间的相互关系的推测性判断，是调查研究之前对问题的尝试性解答。

3. 抽样调查　它是运用一定的抽样方法从研究总体中选取部分对象进行调查，并通过对调查资料的分析来说明研究总体状况的调查研究方法。抽样有简单随机抽样、等距抽样、分类抽样、整群抽样等方式。

4. 典型调查　典型调查是在对研究对象有初步了解的基础上，有计划、有目的地选择有代表性的典型进行周密、系统的调查的研究方式。

5. 操作化 操作化是根据概念的内涵和外延将抽象命题或概念变为具体的、经验的、可直接测量的具体概念和测量仪器的过程。

6. 相关关系 当反映社会现象特征的诸变量之间存在着数量上的依存关系，但这种关系值又不固定时，变量之间的关系称为相关关系。

三、思考题的解答

(一) 社会调查研究的一般程序

社会调查研究的科学性表现为它遵循一定的程序。社会调查研究可分为选题、准备、实地调查和分析总结四个阶段。选题时要考虑课题的必要性和可能性；准备阶段的工作有提出假设、设计调查提纲及调查表，命题和概念的操作化，组织准备工作；实地调查阶段主要有收集资料、整理资料两项工作；分析总结阶段包括分析资料、检验假设和撰写调查报告。

(二) 试述访谈法的特点及使用访谈法收集资料所要注意的问题

首先指出访谈法包括访问和座谈，访问有结构式访问及非结构性访问。然后从访谈是一个调查员同调查对象的面对面的相互作用的角度，说明在这一过程中应该注意的问题。关于此问题教科书介绍较充分，可参照访问部分作出自己的概括。

(三) 试述调查研究报告的结构及撰写调查研究报告应该注意的问题

首先要指出调查研究报告的三种类型及三者的主要差异，然后根据一般调查报告的要求叙述其结构，要清楚前言中包括的内容，在正文部分则要注意撰写调查研究报告所应坚持的原则和应避免的问题。

第十六章　社会学发展综述

一、教学目的和要求

本章不属社会学概论的主体部分，但它可使学员对社会学有更多的了解，也可加深对前面所讲内容的理解。通过本章学习，学员应了解社会学发展史上的著名的社会学大师及其基本理论，了解主要社会学流派的主要观点，了解我国社会学的发展过程。

二、需要了解的社会学家

1. 孔德　第一章中已有介绍。

2. 斯宾塞　英国社会学家，是生物学派的创始人。他把社会同生物有机体相类比，认为社会在结构和功能上的变化遵循着类似生物有机体的规律，这种理论被称为社会有机体说。

3. 迪尔凯姆　在前已述及。

4. 韦伯　在前已述及。

5. 帕森斯　在前已述及。

6. 康有为　第一章已有介绍。

7. 严复　第一章已有介绍。

三、重要的社会学理论流派

（一）结构功能学派是以美国社会学家帕森斯为代表的理论派别。该理论派别认为社会是具有一定结构或组织化手段的系统，社会的各组成部分以有序的方式相互关联，并对社会整体发挥着必要的功能。它认为社会的正常状态是平衡状态，各部分之间互相协调。社会有自我调节机能，当它受到外部环境影响时，各部分会相互适应，使社会系统达到新的平衡。本世纪 40 至 50 年代该理论在美国有重要影响。

（二）冲突理论是 20 世纪 50 年代形成的以反对结构功能学派为特点的社会学流派。该理论流派不同意结构功能学派用均衡来解释社会现象，而强调社会生活中的冲突性，并以此来解释社会变迁。它认为现实社会中冲突不可避免，冲突既有正功能也有负功能，社会现实是冲突与和谐的循环过程。

（三）符号互动论也称符号相互作用论，是解释人们在日常生活中的互动（相互作用）过程的一种理论。它认为在现实的社会生活中，人们是借助于符号这种工具相互联系和相互影响的，而其效果有赖于对所用工具——符号的理解，因此，互动实际上是角色互动、符号的互动。

（四）交换理论也称社会交换论，是研究人的外显的社会交往活动的理论。该理论认为，人们的交往实际上是一种交换活动，这既包括物质交换也包括非物质的交换。在交换过程中，双方采取了类似经济学的成本、价值、利润原则，人们之间相互交往也是想通过付出成本而追求最大的价值和奖赏。人们对自己付出成本和所得价值的判断影响着他们的继续交往活动。

四、社会学在中国的发展

社会学是在我国民族灾难深重的情况下，在一些先进的知识分子向西方寻求救国救民思想的潮流中在我国出现和传入我国的。

上世纪末本世纪初，康有为在广州长兴学舍讲学，课程中设有群学。严复则把斯宾塞的《社会学研究》译成《群学肄言》发表。本世纪初，先多是外籍教师在我国高等院校讲授社会学课程，后有留学外国学成回国的中国学者讲授此课。五四运动以后，共产党人以历史唯物主义为基础宣传和讲授社会学。20年代末至30年代初，社会学在全国才形成气候。30年代中期，社会学明确提出中国化的问题，社会学家寻求建立能解释中国社会，有助于国家富强的社会学理论，他们积极向社会作调查，寻求解决社会问题的途径。1952年高等院校的社会学被取消。十一届三中全会之后，社会学学科建设才开始恢复。至今，全国已有12所高等院校设有社会学专业，几乎所有省、自治区、直辖市的社会科学院都设有社会学研究所、室。十多年来，中国的社会学工作者积极进行社会调查，分析我国改革中的情况及社会问题，为促进我国经济的协调发展和社会主义现代化事业的建设作出了积极贡献。

期末复习指导

社会学概论是中央电大公共关系等专业开设的专业基础课，为了便于复习，现对期末考试有关情况作一简单介绍，供参考。

一、本教材的整体结构

本教材共分16章，除第15、16两章之外，前14章是有着内在联系的。第1章绪论指出了社会学是怎样一门学科，介绍了社会学是从社会系统整体出发，通过人们的社会关系和社会行为来研究社会的结构、功能、发生和发展规律的综合性的社会科学；第2～4章说明了社会是怎样形成的，人们为什么要组成社会；第5～10章介绍了人们以何种群体形式来满足自己的需要，并维持群体与社会正常运行；第11～14章说明了社会是如何在变动中满足人们的需求，社会在变动中会出现哪些问题，人们又如何应付这些问题，实现社会变迁的。前14章尽管我们并没有在每一章中都涉及人的社会需要这一内容，但其中暗含的思路却是从人的需要出发，通过分析为满足人的需要而产生的各种组织、设施、制度与活动，最后归结到为了满足人们日益提高的需要，从而使人们更好地规划未来，走上现代化的进程。

二、复习的基本要求

第一，全面、认真阅读教材，深刻领会基本理论，在此基础上注意重点内容、重点概念（重点内容为本辅导后面所列内容）。在复习过程中要结合录音讲座及教学辅导书，只有这样才能准确地把握本课程的重要内容。

第二，注意理论联系实际。社会学本身是一门理论性与实践性都很强的课程。在学习时，学生可能也意识到一些重要理论、概念均来自现实生活，这些理论是否适用于我们的工作和生活，能否对工作和学习有指导意义，这正是学习本课程的目的，因此在复习过程中要注意运用社会学的理论来回答现实中的问题，这也是在编写教材和录制录音辅导中尽力注意的问题。

三、命题的指导思想

通过复习考试，使学生全面、系统、准确地了解社会学的学科体系、研究对象和范畴，掌握社会学是怎样认识和解释社会现象的。希望学生能够注意到社会学“从变动着的整体理解问题”这一角度，同时还希望学生能在基本理论方面联系实际。社会学的理论是丰富多彩的，其所能联系的实际也是复杂多样的，所强调的理论联系实际主要集中在我国社会主义现代化建设以及人们现实工作、学习和生活等方面。这些将是考试命题的依据。

四、考试题型及答题要求

本课程考试的形式为闭卷。题型如下：

1. 填空题：检查对基本知识掌握程度的一种方式，它所涉及的内容范围广，主要体现为重要人物、重要事件、重点理论以及事件发生的时间及意义等。回答时要求准确，不能有错别字。

2. 选择题或判断题：检查对基本知识掌握程度的一种方式。这一题型的范围与填空相似，除涉及人物、事件外，有时还可能出现对名词解释的辨析。回答这一问题时要求准确无误，如有选择题时，请按卷面要求进行。

3. 名词解释：检查对基本概念的掌握程度。涉及范围也较广。考试中的名词以基本概念和重点、中心概念为主。所谓基本概念或重点、中心概念是指在社会学的某一领域中有相当大的涵盖和解释能力的概念。回答时要求简明扼要，不必要进行过多的解释，要抓住概念的实质，一语道破。有些名词可能包括其构成要素及显著特点。

4. 简答题：检查对基本理论、基本原理掌握的程度。这些问题一般出现在教材中阐述比较完整、层次比较清晰的问题上。回答这一类问题时，要求思路清晰，条理分明，对该题所涉及的要点要叙述全面、完整、准确。同时对每个要点要稍作解释。

5. 论述题（问答题）：检查对社会学的重点理论、重点原理的掌握程度。这类题有两种，一种为深入阐述题，一种为联系实际题。深入阐述题通过对比分析，说明问题的实质。回答时要求首先解释本题所涉及的中心概念，然后阐述问题的基本要点，要点要完整、全面，分析时要有条理、要清楚；联系实际题回答时，首先也要解答问题中所涉及的中心概念，然后阐述理论要点，从而给出理论的全貌；其次联系实际时理论要点与现实要扣得准确、适当。要避免所涉及的理论与现实相脱节的现象；最后能根据要点联系实际得出小结。

五、各章的复习范围

第一章　绪　　论

重要概念：

社会　社会学　《群学肄言》

重点掌握：

1. 马克思主义阐述社会的理论
2. 社会学产生的背景及条件
3. 社会学的基本特征
4. 社会学与历史唯物主义的关系
5. 社会学的功能

一般掌握：

1. 19世纪三大空想家的主要贡献
2. 中国社会学产生的历史背景及过程
3. 社会学研究的领域

第二章　人的社会需要

重要概念：

需要　文化　优势需要

重点掌握：

1. 社会需要在社会生活中的地位
2. 马克思主义的需要理论
3. 马斯洛的需要层次论

一般掌握：

1. 社会需要的类型
2. 集体的发展与人的需要的提高之间的关系
3. 社会需要的满足与提高

第三章　社 会 交 往

重要概念：

社会交往　“镜中之我”　情景定义　社会角色　角色扮演　角色冲突　集体行为

重点掌握：

1. 社会交往的意义
2. 马克思主义的社会交往理论
3. 符号相互作用论
4. 人际关系及其影响因素
5. 角色扮演的过程

一般掌握：

1. 社会交往的类型
2. 社会关系与人际关系之间关系
3. 角色冲突的表现

4. 集体行为的特点及成因
5. 时尚的形成与功能

第四章　人的社会化

重要概念：

社会化　“心理上的断乳”　再社会化　个性

重点掌握：

1. 社会化的内容
2. 继续社会化、再社会化、特殊社会化的关系
3. 社会化对形成个性的影响

一般掌握：

1. 人的社会化的必要性
2. 社会化的生物基础
3. 社会化的过程
4. 个性的特点

第五章　初级社会群体与家庭

重要概念：

社会群体　初级社会群体　家庭　邻里　家庭结构

重点掌握：

1. 社会群体的特征与功能
2. 初级社会群体的特征和功能
3. 家庭的功能
4. 中国传统婚姻家庭的特征及新中国成立后我国家庭制度的进步

一般掌握：

1. 社会群体的类型

2. 初级社会群体的形成条件

3. 家庭的结构及类型

第六章　社会组织与科层制

重要概念：

社会组织　社会组织的结构　组织目标　家长制　科层制　X 理论与 Y 理论

重点掌握：

1. 社会组织的构成要素

2. 组织与环境的关系

3. 组织目标对组织存在和发展的意义

4. 指出“经济人”假设与“社会人”假设对管理策略的不同要求

5. 分析科层制的功能

一般掌握：

1. 社会组织的特征

2. 怎样理解组织目标是一个系统

3. 组织过程的基本内容

第七章　社　　区

重要概念：

社区　农村社区　城市社区　城市化　过度城市化　逆城市化

重点掌握：

1. 社区的构成要素

2. 城市社区的特征

3. 城市化及其动力

4. 我国城乡关系及协调发展

一般掌握：

1. 我国农村社区的特征
2. 本世纪末我国农村组织的演化
3. 城乡差别的表现及影响

第八章　阶级与阶层

重要概念：

社会分化　社会分层　社会阶级

重点掌握：

1. 马克思主义的阶级理论
2. 社会分工与社会分化的关系
3. 社会分层的标准

一般掌握：

1. 社会分化的因素
2. 社会分层的理论
3. 我国消灭剥削阶级的过程

第九章　社 会 制 度

重要概念：

社会制度　制度化优先

重点掌握：

1. 社会制度的含义
2. 社会制度的要素
3. 社会制度的功能

一般掌握：

1. 社会制度的特征

2. 社会制度的类型
3. 制度建设的三个问题

第十章　社会控制

重要概念：
社会控制　社会舆论、群体意识　越轨行为
重点掌握：
1. 社会控制的功能
2. 习俗与道德的作用、道德与法律作用的异同
3. 判断越轨行为的标准
4. 用社会失范论或手段——目标论分析社会现象
一般掌握：
1. 社会控制的类型
2. 法律权威性的体现
3. 舆论的特点

第十一章　社会问题

重要概念：
社会问题　就业　贫穷
重点掌握：
1. 社会问题产生的原因
2. 我国人口问题表现、实质、危害及我国解决人口问题的途径
3. 劳动就业问题的实质及我国解决劳动就业的具体措施。
一般掌握：
1. 社会问题与社会发展的关系
2. 我国人口问题的成因

3. 失业的功能
4. 贫穷的类型
5. 我国反贫穷实践、成就及存在的问题

第十二章　社会保障与社会工作

重要概念：

社会保障　社会工作　社会发展　乡村建设运动

重点掌握：

1. 社会保障的功能
2. 社会工作的功能
3. 我国城乡社会保障制度的特点及改革的方向

一般掌握：

1. 社会保障的特点和内容
2. 社会保障实践
3. 社会保障与社会工作的关系
4. 社会工作方法

第十三章　社会变迁

重要概念：

社会变迁　社会结构　社会流动　社会革命

重点掌握：

1. 马克思主义社会变迁理论
2. “五德终始说”
3. 社会进化论
4. 社会流动及类型

一般掌握：

1. 社会变迁的原因

2. 社会均衡论

3. 我国20世纪社会变迁的几件大事

第十四章　社会现代化

重要概念：

社会现代化　“后工业社会”论　罗马俱乐部

重点掌握：

1. 社会现代化的内容

2. 评述社会趋同论

3. 评述依附理论

一般掌握：

1. 社会现代化的特征

2. 我国现代化的战略步骤

第十五章　社会调查研究方法

重要概念：

社会调查研究　操作化　全面调查　抽样调查　典型调查　个案调查　访谈法　观察法

第十五章不是社会学的重点内容，所以不作为考试的重点，只要求大家掌握上述概念即可，但我们希望大家对本章的选题、调查提纲的拟定及调查报告的撰写应掌握。

第十六章是为对社会学有兴趣的同学开阔视野之用。这一章的内容不列为考试范围。

期末考试试题选登

1997 年 1 月

题　号	一	二	三	四	五	总　分
分　数						

得　分	评卷人

一、填空题：(每空 1 分，共计 20 分)

1. 根据社会交往的形式，可以把社会交往划分为______和______。

2. 角色扮演是一个动态过程，这个过程包括三个阶段：______、______、______。

3. 社会化的生物基础包括______、______、______、______。

4. 初级社会群体一词是由美国社会学家______首先提出来的。

5. 社会控制的目的是使人们遵从______。

6. 制定越轨行为的标准是具体时间、______、______下行为者应该遵守的行为规范。

7. 本世纪 20 至 30 年代的______是我国较早的社会发展工作实践。其中最有影响的代表人物是______和______。

8. 社会保险是对______的预防；社会救助是对______的救济；社会福利提供的是______和______。

得　分	评卷人

二、选择题：（每空 1 分，总计 10 分，请将你认为的正确答案的顺序号填入该题后的括号内）

1．“工作安定”属于哪种需要（　）

A. 生理的需要　　B. 安全的需要

C. 归属的需要　　D. 自尊的需要

2．文化是指（　）

A. 人类创造的物质财富　　B. 人类得到的科学知识

C. 人类遵循的行为规范　　D. 人类创造的一切财富

3．“符号相互作用论”的开创者是（　）

A. 库利　　B. 林顿

C. 托马斯　　D. 米德

4．“心理上的断乳”是指青少年（　）

A. 心理上的矛盾　　B. 心理上的脱离各方面的监护

C. 心理上的紧张　　D. 心理上与父母的对立

5．与正式组织相比，初级社会群体的主要特征是（　）

A. 人际关系密切　　B. 规模较小

C. 存在长久　　D. 综合性功能

6．人文区位学的分析框架是由谁提出的（　）

A. 芝加哥学派　　B. 纽约学派

C. 华盛顿学派　　D. 哈佛大学学派

7．通过表彰模范行为来弘扬正气的社会控制属哪种控制（　）

A. 消极控制　　B. 外在控制

C. 积极控制　　D. 内在控制

8．在劳动或工作岗位上，劳动者不能充分发挥其能力，这是（　）

A. 充分就业　　B. 失业

C. 显性失业　　　　　　　D. 隐性失业

9. 社会工作是指（　）

A. 推行和实现社会保障制度工作

B. 本职工作之外为群众服务

C. 没有报酬的为群众服务的工作

D. 国家组织的社会服务工作

10. 不发达国家只有脱离与西方发达国家的联系才能摆脱不发达状态，这是哪种社会现代化理论的观点（　）

A. 信息社会论　　　　　　B. 社会趋同论

C. 依附理论　　　　　　　D. 后工业社会论

得　分	评卷人

三、名词解释（每题 4 分，总计 20 分）

1. 社会需要

2. 社会群体

3. 社会分化

4. 社会问题

5. 社会趋同论

得　分	评卷人

四、简答题（总计 30 分）

1. 历史唯物主义与社会学的关系（8 分）

2. “经济人”假设与“社会人”假设在管理策略上的不同观点（8 分）

3. 社会制度的涵义（8 分）

4. “五德终始说”（6 分）

得　分	评卷人

五、论述题（总计 20 分）

试述城乡关系的发展及我国城乡协调发展的道路。

期末考试试题答案及评分标准

1997 年 1 月

一、填空题：（每空 1 分，总计 20 分）

1. 直接交往　间接交往

2. 了解社会对角色的期望　培养角色意识　实践角色规范和表现角色行为

3. 有脑力劳动的条件　有较长的生活依赖期　有较强的学习能力　有语言能力

4. 库利

5. 社会行为规范

6. 具体地点　具体情境

7. 乡村建设运动　晏阳初　梁漱溟

8. 未来风险　现实贫困　福利设施　社会服务

二、选择题：（每题 1 分，总计 10 分）

1.B　2.D　3.D　4.B　5.A　6.A　7.C　8.D　9.D　10.C

三、名词解释：（每题 4 分，总计 20 分）

1. 社会需要：是指人们在一定的情景下（1 分），对客观事物产生的匮乏感（1 分），而要求得到满足的心理反映（2 分）。

2. 社会群体：是指人们相互交往形成的（2 分），由某种相互关系联结在一起的社会共同体（2 分）。

3. 社会分化：是指社会中的个人或群体之间产生的被认可了的区别（2 分）。原因是社会分工，因素含生物因素和文化因素（2 分）。

4. 社会问题：是指人文环境失调（1 分），影响了广大社会成员的正常生活和社会进步（1 分），需要动用社会力量加以解决的问题（2 分）。

5. 社会趋同论：是由荷兰经济学家丁伯根于 1961 年提出的（1 分）。认为社会主义经济正在逐步背离计划经济模式，而资本主义经济正在背离自由放任的私人经济模式（1 分），两种制度互相吸收有利因素，并变得越来越相似（2 分）。

四、简答题：（总计 30 分）

1. 二者之间的关系体现为：

第一，历史唯物主义是社会学研究的基础，是社会学研究的科学的世界观和方法论。要保证社会学研究的高度科学性，就必须以历史唯物主义为指导（2 分）；

第二，二者有区别，体现为：历史唯物主义属哲学范畴，社会学是具体社会科学，前者研究社会发展一般规律，后者研究社会现象即特殊规律（2 分）；

第三，社会学的研究成果是历史唯物主义的源泉之一（2 分）。

由此看出，二者是一般与特殊、指导与被指导的关系，什么“取消论”“代替论”都是错误的。（2 分）

2. “经济人”假设是美国管理学家泰罗为企业管理设计的思想。认为工人是为挣钱来工厂做工的。因此通过多劳多得、物质刺激就能激励工人勤奋工作，提高效率。这种方式有利于提高生产效率，但由于把工人看成机器而遭到批判。（4 分）

“社会人”假设由梅奥等人通过霍桑实验得出的一种管理方式。认为工人不仅是为钱而来工厂做工的，而是具有多方面要求，并提出社会因素是影响工人积极性的决定性因素，管理中要以人为中心，给予基本关心，激发他们积极性，提高效率。这种理论开了管理理论之新风，对管理实践有巨大影响。（4 分）

3. 社会制度的基本涵义有三：

第一，是指社会形态或体系意义上的制度，是对制度的大尺度的宏观观察，常用来区别人类社会发展的不同历史阶段。如资本主义制度等（3分）

第二，指一个社会的具体制度，以具体的组织结构、制度设施作为自己的实体，常用来分析不同的社会关系和在研究不同的社会生活领域里使用。如经济制度等（3分）

第三，指各种社会组织、群体中的规章制度，用来规定人们的行为模式和办事程序，如考勤制度，社会学研究社会制度是指第二个层次（2分）。

4. 是由战国时期阴阳五行家邹衍提出的（1分），这种理论认为朝代的更替、历史的发展是按“金木水火土”五行相胜的循环顺序进行的。历史上每个朝代的建立，都体现了五行中某一势力的统治地位。(3分)

这种理论揭示了历史是变化的，且有必然的趋势，但它却把历史理解为一种循环的过程，陷入了历史宿命论。(2分)

五、论述题（总计20分）

城乡关系的发展大体分为四个阶段：

第一阶段城乡分化。在远古时代，只有农村而无城市，随生产的发展，剩余产品的出现，城市才逐渐从农村分化出来。(2分)

第二阶段城乡对立。即城市统治阶级在经济上剥削，政治上压迫农村，造成农村与城市的尖锐对立。(2分)

第三阶段城乡差别。随着城市经济的发展，城市成为地区经济、政治、文化中心，使城乡居民在经济收入、物质生活水平、文化教育程度等方面均高于农村，出现城乡差别。(2分)

第四阶段城乡融合。这是把农村与城市放在一个系统中加以全面规划的思路，使二者做到优势互补，形成二者相互促进的良性循环。(2分)

我国城乡关系解放前是对立的；解放后，城市关系由对立转变为差别，城市优于农村（2 分）。为了缩小差别，实现城乡协调发展，我国提出“控制大城市的规模，合理发展中等城市，积极发展小城市”的城市发展政策；打破城乡壁垒，促进城乡沟通，城乡之间广泛进行劳动力、资源、技术、产品的交流，促进城乡共同发展；城乡结合，城市支援农村，国家从“六五”开始就有计划地帮助农村发展，同时采用鼓励城乡联合办厂等政策，极大地推动了农村的发展。（8 分）城乡融合发展这是一项系统工程，其艰巨性，复杂性很大，需要我们进一步探索。(2 分)